Bibliotheca Bolduaniana:
A Renaissance
Music Bibliography

LIBRARIA
SUPELLEY

HANC
AVERSOR

HAC · DELECTOR

GUILJELMI SALDENI
de
L I B R I S
Varioque eorum
USU et ABUSU
LIBRI II.

Bibliotheca Bolduaniana:
A Renaissance
Music Bibliography

by D. W. Krummel

Detroit Studies in
Music Bibliography-22

Information Coordinators, Inc.
Detroit, 1972

Frontispiece:

The bookseller showing his books to his customer, from
Wilhelm Salden, De libris varioque (Amsterdam, 1688)

Copyright 1972 by D. W. Krummel
Second printing (First printing of corrected edition), 1973
Printed and bound in the United States of America
Price $8.00   paperback $6.50
Library of Congress Catalog Card Number: 75-175176
Standard Book Number: 911772-46-4

Information Coordinators, Inc.
1435-37 Randolph Street
Detroit, Michigan 48226

158376

Contents

Introduction

Paulus Bolduanus, a seventeenth-century pastor in Pomerania, native to the city of Stolp and incumbent in the nearby village of Vessin, [1] sought the Renaissance bibliographer's fulfilment by preparing a subject guide to all of the books in the world, at least those he could find out about. His opus comprises three lists: a Bibliotheca theologica (1614, reprinted 1622), a Bibliotheca philosophica (1616), and a Bibliotheca historica (1620). Most later bibliographers have been unaware of the man or his work. Two eighteenth-century scholars differed sharply in their opinion of him. Fabricius acknowledged a deep indebtedness: Struve called him an incompetent pirate. Archer Taylor has recently called for a reconsideration, clearly in hopes of supporting Fabricius. Alas, the evidence in this present study weighs somewhat strongly in favor of Struve. But there are merits in Bolduanus -- including a willingness to include music within his purview -- which justify Taylor's interest, and which make his work worth the trouble of re-examining today. His eighty-page section on music, in the Bibliotheca philosophica, with 1299 titles, is here reproduced in facsimile with annotations on the facing page, by way of beginning such a re-examination. [2]

In German bibliography the period of Bolduanus is a vintage one. Out of the semi-annual book fairs in Leipzig and Frankfurt had grown the first booktrade lists, which in turn were used for the compilations of Nicolaus Bassé (1592), Israel Spach (1598), Henning Gross (1600), and Johann Cless (1602), culminating in the three by Georg Draudius (1610-1611, revised 1625). Rudolf Blum, [3] in his valuable study of these works, does not even

---

1. This biographical information is derived from Archer Taylor, General Subject-Indexes Since 1548 (Philadelphia: University of Pennsylvania Press, 1966) pp. 71-77.
2. There are many errors in pagination, as corrected in the pages facing the facsimile; pp. 215-16 are repeated. The total of 1299 entries includes 147 duplicate listings, obvious or probable, reducing the number of unique entries to 1052. In addition there are perhaps a dozen more entries which might be duplicated, but the evidence is incomplete.
3. Rudolf Blum, "Vor- und Frühgeschichte der nationalen Allgemeinbibliographie," Archiv für Geschichte des Buchwesens, 2 (1959) 233-303.

mention Bolduanus, and probably quite rightly. Bolduanus was working several hundred miles to the northeast, one suspects largely in intellectual and geographical isolation. But admittedly, Bolduanus's books were all printed and published in Saxony. Furthermore, his compilation was apparently based on the book fair lists and their offspring. Even so, I have found no evidence that the 1625 Draudius list made any use of Bolduanus; it also seems unlikely that the man was in any way involved with the book fairs.

But Bolduanus did use Draudius. Most of his citations can be directly traced to the earlier of the two editions of Draudius's three lists, as follows:

> Bibliotheca exotica, sive catalogus officinalis librorum
> peregrinis linguis usualibus scriptorum (Frankfurt-am-
> Main: Peter Kopf, 1610). About two hundred music titles
> are listed on pp. 167-70, 206-9, and 218. Hereinafter cited
> as Exotica. Of the three, Bolduanus used this the least.
> Bibliotheca classica, sive catalogus officinalis, in quo singuli
> singularum facultatum... (Frankfurt: Kopf, 1611). About
> one thousand music titles are listed on pp. 1203-36. Herein-
> after cited as Classica.
> Bibliotheca librorum germanicorum classica, Das ist:
> Verzeichnuss aller und jeder Bücher... (Frankfurt: Kopf,
> 1611). About five hundred music titles are listed on
> pp. 545-63. [4] Hereinafter cited as Germanica.

A good and typical example is Bolduanus's first group of "Tricinia" (p. 224), which contains thirty-one titles; the counterpart in Draudius (Classica, pp. 1234-35) contains thirty-six. Of these, twenty-nine are the same in both, word for word (transcription and printing errors excepted). This leaves seven in Draudius which Bolduanus did not use, whether intentionally or by oversight. Only two titles are new to Bolduanus. One of them is dated 1612, the year after Draudius was published.

Bolduanus has done three things in adapting Draudius's entries. First, he has rearranged the categories along systematic lines, with music as number four among the liberal arts. Draudius, in his separate music supplements, has used an alphabetical arrangement for his seventy-one categories in the Germanica and fifty-two in the Classica. (The Exotica lists, in three language groups, are small enough to require no subdivision). The Germanica, for instance, begins with "Balletten," "Bergreyhen," and "Canticum canticorum," and ends with several groups of "Weltliche Lieder" and the "Weihnachtslieder." Bolduanus's categories, listed fully on p. 19 follow this arrangement:

---

4. These are reproduced together in a facsimile entitled Verzeichnisse deutscher musikalischer Bücher, 1611 und 1625, prepared by Konrad Ameln (Bonn: Deutschen Musikverleger-Verband E. V., 1957).

I. Groups 1-3: Treatises and miscellany. (From all three Draudius)
II. Foreign-language editions. (From the Classica)
    A. Groups 4-20: Sacred music
    B. Groups 21-24: Secular music
    C. Group 25: Instrumental music
III. German-language editions. (From the Germanica)
    A. Groups 27-40: Sacred music
    B. Groups 41-52: Secular music (more or less)
    C. Group 54: Instrumental music

I have not found any earlier use of this particular categorization of music. It is indeed simple and obvious enough to be of no great moment. Nor have I figured out any plan of arrangement within the large secular and sacred categories. Bolduanus is obviously considerably less than the "competent workman, wherever he found materials"[5] as Taylor would have him. His two "Tricinia" lists include both sacred and secular three-voice editions, grouped as sacred in the foreign list but as secular in the German. A good many German editions, especially those with Latin titles, are to be found in the foreign section. On some occasions Bolduanus has changed Draudius's classification, sometimes wisely, sometimes wrongly, but most often inconsequentially. Item 1177, for instance, the Sartorius Teutsche Lieder, is taken out of the "Welsche Canzonetten" and put with the "Weltliche Lieder." He has broken down the large class of "Cantiones Dominicales & Festorum" (Classica, p. 1206) into its two components (items 381-424). Bolduanus apparently made his changes from the evidence of the title. One change is particularly ill-fated; Georg Dietrich's funeral music (1091) ends up among the mealtime prayers (although for this one the compositor may be to blame).

Bolduanus's second major change is the alphabetizing of his entries within each group according to first name. This is the standard conservative practice of the day, in contrast to the progressive plan of alphabetizing the family name, which Draudius follows.

His third change consists of additions and changes. Several dozen new publications which appeared between 1609 and 1613 are added. Bolduanus got most of these entries from the fair lists (as indexed by Göhler).[6] One instance is the famous Parthenia (313), issued toward the end of 1612, its wording in Bolduanus being an exact copy of Göhler 1:90, with idiosyncrasies in the citation which I have not seen elsewhere. Bolduanus has also made a few improvements on Draudius. He has identified Scandello as the composer of 953; filled out a number of citations, such as 1021-22 and 1148-49; and corrected Draudius's dates for some other works, including 1177.

---

5. Taylor, p. 77.
6. Albert Göhler, Verzeichnis der in den Frankfurter und Leipziger Messkatalogen der Jahre 1564 bis 1759 angezeigten Musikalien (Leipzig: C. F. Kahnt Nachf., 1902). See also his Die Messkataloge im Dienste der musikalischen Geschichtsforschung (Leipzig: C. F. Kahnt Nachf., 1902).

Bolduanus's list must be faulted in many ways. An exhaustive survey of the Draudius lists would in itself surely have been more useful than this of Bolduanus: but there is ample evidence that the Draudius have been known and used by modern scholars -- not often, but usually wisely and painstakingly -- and that their contents are already an identifiable part of the record of scholarship. (The only modern scholars I know who have used Bolduanus at all are Åke Davidsson, Wolfgang Bötticher, and François Lesure with Geneviève Thibault.) Furthermore, Draudius's two German lists have, of course, been issued in facsimile. What is in fact needed most of all is a survey of all of the early catalogues -- beginning with Gesner and the book fair lists, and extending through the 1625 Draudius -- for purposes of determining who first introduced various titles and when, who copied them, who misquoted them, who corrected them, and where they are assigned in the various classification schemes.

From lists like Bolduanus's we can learn something of that Renaissance musical repertoire which is no longer extant -- its size, nature, and some specific details. We can also surmise something about the motives, thinking, and procedures of the early bibliographer. His work fell into two nicely contrasted parts -- the drudgery of transcription and accumulation, and the creative work of categorization. For the former, other men's entries were freely available, to be used without credits and without verification. Draudius had already used the book fair lists, as well as the catalogues based on them, notably the 1602 Cless. Bolduanus cannot have seen himself as dishonest in any way. The tradition of bibliographical scrupulousness was yet to come. Occasional corrections were made as information happened to turn up, not as a result of any systematic process of verification. Actual copies may have been examined, but more often the changes were made on the basis of other lists at hand or advice from friends. Usually, alas, the bibliographer and his printer added errors of their own, enough to make their own list somewhat less reliable than the model. My guess is the Bolduanus contains about four dozen new errors in place of about three dozen corrections of Draudius -- in fact a rather decent average for the day.

The arrangement of the citations, on the other hand, offered the compiler his intellectual stimulation and rewards. Here was a unique opportunity to construct the whole world of knowledge as he saw it, fitting particular books into their proper station according to his own sole judgment. Here were opportunities for petty opinions and slanting: was it intentional, for instance, that the Lutheran Bolduanus omitted some of the Marian religious music which the Bavarian Draudius had included? Here, in contemplation of the whole, are the compiler's credentials for the title of polymath, toward recognition as a universal Renaissance man of sorts, a demonstration to satisfy himself, his friends who saw the book, and the world of learning at large. Admittedly there are the niggling questions of where to assign works which fit into several or no categories. Such problems bother us yet today; and the solutions, then as now, include cross references (used extensively by Draudius) and duplicate listings (used mainly by Bolduanus). The important thing is the overall conception, arbitrary and impressive, a useful encyclo-paedia not of the facts but of where to find them. And as a system Bolduanus's subject approach strikes us today as neither well structured logically, nor pragmatic enough to be of much use to musicians. Perhaps the users in Bolduanus's day were well enough impressed, especially in the absence of anything better -- just as a student today may here stumble across a work not elsewhere identified as appropriate to his research. This study is altogether more useful and interesting as a commentary on the early amateur scholar, his diligent but pedantic mind confronted but not deterred by a kind of publication which most later bibliographers have been happy to avoid.

*   *   *

In preparing this modern edition of Bolduanus's section on music, I have done five things. First, for convenience in citation, I have numbered the entries. Works not extant, to my knowledge, are marked by an asterisk (*) before this number.

Second is the formulation of an entry itself, abbreviated to the composer's last name and publication date whenever this is unequivocal, and corrected to conform to modern usage on a "no conflict" basis (i. e., Lassus and Hassler the famous composers are allowed to stand by their last names, while their respective sons and brothers are qualified by initials). Publication dates are corrected to conform to the imprints on extant copies. Most of his dates Bolduanus took from Draudius; from here they can usually be passed back to the book fair lists. Publications from Magdeburg and Wittenberg in particular are almost always a year off in their citations.

Third is a list of references to modern bibliographies -- a selective list, it should be stressed. Whenever possible I have included (1) Eitner; (2) at least one citation of an extant copy; (3) at least one detailed bibliographical description, including line endings and simulation of type styles if possible (complete and accurate collational formulae have been too much to ask for); and (4) at least one citation which includes a useful list of contents. These references are listed in the following order: general national and music bibliographies; regional and printer bibliographies; union lists; library catalogues; subject bibliographies; and miscellaneous references. The abbreviations and citations are listed on pp. 15-18.

The near right column gives page references in the 1610-1611 editions of Draudius, distinguished as C (Classica), E (Exotica), and G (Germanica). References in parentheses are those for which the Bolduanus citation differs enough from Draudius to suggest that Bolduanus used another source. The word "Late" is a reminder that the work in question appeared after Draudius's terminal date of 1609-1610.

The far right column does much the same thing for the book fair lists. While it would have been best to go directly to the originals, in most cases the Göhler music transcript seemed all that was called for, and was much easier to use. Göhler's entries are obviously edited a good bit, being themselves often an amalgam of several references. Göhler's formulation of a suitable entry is particularly impressive; the accuracy of his dates is open to question, by the implication of the information cited. The Göhler references are important here because they are the prototypes for Draudius, as well as for Bolduanus's entries which cannot be traced to Draudius. (The latter will, of course, consist mostly of editions after 1609, although there are quite a few earlier ones.) The few which Bolduanus took from neither Draudius nor the book fair lists are, of course, the most interesting.

Bolduanus's citations can usually be related to extant copies, or at least to identified publications. Herein lies the most interesting and probably the most useful part of this project. The name of the composer would appear to offer the best starting point. Usually so, but not always. Here are many of the classic idiosyncrasies in names which have so long misled and harassed the bibliographer. Among the more bothersome kinds found abundantly in work with early bibliographies, are the following:

1. A man known in his day by his surname, but now by a family name, often formulated from his city:

    Otto Siegfried   = Harnisch (310, 1169, etc.)
    Joannis (Petri) Aloysii = Palestrina (315, 410, etc.)
or the reverse:
    Amorfort   = Tollius (883)

2. A man known in his day through a nickname, or special appellation:

    Carle   = Buissons (297)
    Symphoniarchus   = Neander (546)
    Asprilius   = Pacelli (553)
    Greffi   = Bakfark (939)

3. German dialect variants:

    Gustrovius   = Chustrovius (258)
    Kroch   = Ghro (1263)
    Bäwerle   = Peurl (1268)

4. Latin names with an uncommon vernacular counterpart (in the first instance a result which is anything but pretty, in the second a cause célebre happily no lower than the stomach):

    Pulchri   = Pühler (272)
    Castritii   = Gastritz (468)
    Cropatius   = Kropácz (495)

5. Typographical errors and errors in transcription:

    Rappius   = Papius (8, 449)
    Gotthart   = Colhardt (72)
    Urcedmann   = Vreedeman (328)
    Canteri   = Contino (512)
    Schaffer   = Scaffen (566)
    Illp   = Jeep (979)
    Gondinelli   = Goudimel (678)
    Macelli   = Pacelli (784)
    Matthaei á Cola   = Giovanni Matteo Asola (896)
    Schrank   = Franck (1123)
    Rantz   = Franck (1195)

The decision between a Latin and a vernacular form has been arbitrarily made in favor of the more obvious usage or derivation (i.e., Praetorius, Faber Stapulensis, Gesius, Draudius, Bolduanus; but Fritsch, Schnitzke rather than Fritschius or Schnitzkius).

Even with the composer's name established, the correct reference is
not always either clear or uncontestable. There are four primary elements
in a citation -- author, title, place of publication, and date -- as well as
various possible secondary ones -- format, number of voices, and distinctive
words. Of the four primary elements, it is not uncommon to find two or
even three either badly cited or clearly wrong. I am quite sure that
"Adriani Jach & Psalmi Vespertini ... Venet. 1567 ..." (657) is in fact
Willaert and Jachet, I salmi vespri (Venice, 1577). Quite possibly "Joannis
Moyni Cant. sacrae trium voc. Monach. 1567 ..." (889) is the same as
Matthäus LeMaistre, Schöne und ausserlesene ... Gesenge (Dresden, 1577).
This is obviously a very distant candidate: but there are no closer ones that
I can see, especially when sacred music for three voices is specified. Even
under such conditions, fragmentary and faulty evidence can often be fitted
together to identify a work. "Mottetae 52. ... Wittib. ... [n.d.]" (621) can
almost certainly be only one work, the Symphoniae iucundae of 1538. The
printer index in RISM and a count of entries in the contents notes reveals
this to be the only known sacred anthology with fifty-two selections printed in
Wittenberg.

Bolduanus has still left many citations for which no known or identified
works are even remotely possible. Specifically, 241 of the 1052 unique
entries are not extant, just under a quarter of the total. Among the more
tantalizing are 26, 54, 166, 226, 446, 489, 501, 528, 623, 639, and 1135.
Most of these can be traced to Draudius or to one of the book fair lists; but a
few cannot. There are also a few which seem likely to be ghosts conjured up
by Bolduanus himself. I suspect (but cannot prove) that he sometimes simply
added a date to an existing entry to indicate any new work by the same
composer, not necessarily another edition of the work just cited (as with 5,
333, 577, 885, 1128, and 1274, for instance).

*　　　*　　　*

How can one summarily describe the musical repertoire which Bolduanus
knew about? His cross-section (my guess is perhaps a third or quarter of
the total) of European music printed between 1560 and 1613 is well diversified
geographically, understandably with a German emphasis. The prolific output
of Nuremberg is close to complete for several periods. So is the somewhat
smaller quantity of music printed in Munich by Adam Berg. Among other
music publishing centers, Erfurt, Frankfurt-am-Main, and Strasburg are
quite well represented. Augsburg is often mentioned, but many of the
references turn out to be false for present-day bibliographical purposes:
citations in some early catalogues refer to Georg Willer as the publisher,
whereas in fact he is only a dealer for editions whose imprint itself names
only a printer in another city. Some other far-away workmen, in Graz,
Dilingen, Lauingen, and Cologne, for instance, are fairly well represented
in proportion to their output. In contrast, centers close to Bolduanus like
Dresden, Leipzig, Breslau, and Frankfurt-an-der-Oder, are proportionately
weak. Those closest of all to the compiler -- Stettin, Rostock, Danzig,
Königsberg, Thorn, and Greifswald, for instance -- are among the most
poorly represented of all. The several Copenhagen publications listed by

13

Draudius have been omitted by Bolduanus. This is all too bad: Bolduanus was ideally situated, in his calling as well as in his location, for purposes of preparing a useful chronicle of the early period of <u>Gelegenheitsmusik</u> -- the funeral, wedding, or baptism music which flourished in northern Germany between 1580 and 1660, and which has, like most printed ephemera, been such a great problem to bibliographers ever since.

Outside the German-speaking world, roughly a hundred Venetian editions are listed -- a high percentage of Bolduanus but a low percentage of the city's immense total output of music. There are also roughly a dozen entries from Milan, Brescia, and Rome; also a very interesting Lyonnaise dozen, and only a few more from Paris; nearly a hundred editions from the Low Countries, most of them from the Phalèse succession in Louvain and later Antwerp; two from London (313, 334); and none at all from Spain, Scandinavia, or Eastern Europe, except for a few from Prague. A few treatises pre-date 1560, but not many performance editions. The <u>Odhecaton</u> (454? and 618-20) is the only Petrucci, suggesting that its well deserved reputation was established by this early date. There is one Attaignant item (527).

Bolduanus also helps to turn several suspected ghosts of music bibliography into departed flesh. Certain works cited by early music bibliographers, in the absence of extant copies or of any known contemporary references, have been assumed to be based on the fantasies or mistakes of the compilers. Sources for their citations can be found in Bolduanus. (Much as one enormously respects Eitner, one nevertheless regrets that many of these references, which could just as easily be passed back to Draudius or his contemporaries, were allowed to stand attributed to the later scholar. Perhaps in their day the Eitner listings did of course help in the valuable cause of persuading scholars to credit their sources, in which case he should be excused.) Among the items in question are the following (those who want to see what happened should begin with the Eitner citation under each number):

    Walther: 384
    Hawkins: 446
    Gerber: 24, 467, 585, 771, 986
    Becker: 58, 64, 860
    Fétis: 53, 56, 93, 219, 266, 596, 853-54, 898, 1195

*   *   *

Here in summary is one of our very few contemporary lists of early published musical editions. Much of its merit lies in its curiosity: admirable in its intention, it is also original in some ways, with many faults, mostly corrigible. This re-examination should thus provide the scholar of music bibliography with many interesting facts, and one hopes some productive information. It is prepared from a copy in the Newberry Library, Chicago, through the good offices of Lawrence W. Towner. I am also grateful for the assistance of several colleagues, to Herbert Goldhor of the Graduate School of Library Science, who could provide for so many of the hours needed in processing the data employed here, and to Bruno Nettl and Herbert Kellman of the Division of Musicology, University of Illinois, Urbana, for advice in musical matters.

14

Bibliography

Citations are arranged according to the following classified sequence. The references below consist of (1) the abbreviated entry used here; (2) the full entry for the work involved; and (3) in parentheses, the exact location of the reference within the work.

I. COLLECTED BIBLIOGRAPHIES

Eitner. Robert Eitner, Biographisch-bibliographisches Quellen-Lexikon der Musiker und Musikgelehrten der christlichen Zeitrechnung bis zur Mitte des 19. Jahrhunderts ... . Leipzig: Breitkopf & Härtel, 1898-1904. 10v. (Volume and page numbers)

Eitner suppl. Miscellanea musicae bio-bibliographica ... hrsg. von H. Springer, M. Schneider und W. Wolffheim. Leipzig: Breitkopf & Härtel, 1912-1916. (Section and entry numbers, as designated in the 1960 reprint issued by the Akademische Druck- und Verlagsanstalt, Graz)

RISM. François Lesure (editor). Repertoire Internationale de sources musicales. Recueils imprimés, XVIe-XVIIe siècles, I: Liste chronologique. München, Duisburg, G. Henle Verlag, 1960. (Entry sigla)

Goff. Frederick Goff, Incunabula in American Libraries. New York: Bibliographical Society of America, 1964. (Entry sigla)

STC. Alfred W. Pollard and G. R. Redgrave, A Short-Title Catalogue of Books Printed in England, Scotland and Ireland ... . London: The Bibliographical Society, 1926. (Entry numbers)

II. NATIONAL, REGIONAL, LOCAL, AND PRINTER BIBLIOGRAPHIES

Bucher. Otto Bucher, "Adam Meltzer (1603-1610) und Gregor Hänlin (1610-1617) als Musikaliendrucker in Dillingen/Donau, " Gutenberg Jahrbuch 1956, pp. 216-26. (Entry numbers in either the Meltzer or the Hänlin list as indicated)

Cohen. Paul Cohen, Musikdruck und Drucker zu Nürnberg im 16. Jahrhundert. Nürnberg: H. Zierfuss, 1927. (Entry numbers)

Donà. Mariangela Donà, La stampa musicale a Milano fino all'anno 1700. Firenze: Olschki, 1961. (Page numbers)

Goovaerts. Alphonse J. M. A. Goovaerts, Histoire et bibliographie de la typographie musicale dans les Pays-Bas. Anvers: P. Kockx, 1880. (Entry numbers)

Heartz. Daniel Heartz, Pierre Attaingnant, Royal Printer of Music. Berkeley, Los Angeles: University of California Press, 1969. (Entry numbers)

Hüschen. Heinrich Hüschen, "Hessische Gesangbuchdrucker und -verleger des 16. und 17. Jahrhunderts," Festschrift für Hans Engel (Kassel: Bärenreiter, 1964), pp. 166-87. (Page numbers)

Lesure-Thibault du Chemin. François Lesure and Geneviève Thibault, "Bibliographie des éditions musicales publiées par Nicolas Du Chemin (1549-1576)," Annales musicologiques, 1 (1953) 269-373. (Entry numbers)

Lesure-Thibault Le Roy-Ballard. ibid., Bibliographie des éditions d'Adrian le Roy et Robert Ballard (1551-1598). Paris: Société française de musicologie, 1955. (Entry numbers)

Pogue. Samuel Pogue, Jacques Moderne, Lyons Music Printer of the Sixteenth Century. Genéve: Droz, 1969. (Entry numbers)

Samecka. Maria Przywecka-Samecka, Drukarstwo muzyczne w polsce do końca XVIII wieku. Krakow: Polskie Wydawnictwo Muzyczne, 1969. (Page numbers)

Sartori Petrucci. Claudio Sartori, Bibliografia delle opere musicali stampate da Ottaviano Petrucci. Firenze: Olschki, 1948. (Entry numbers)

Staedtke. Joachim Staedtke, Anfänge und erste Blütezeit des Zürcher Buchdrucks. Zürich: Orell Füssli, 1965. (Page numbers)

Steele. Robert Steele, The Earliest English Music Printing. London: The Bibliographical Society, 1903. (Entry numbers)

Stellfeld. J. A. Stellfeld, Bibliographie des éditions musicales plantiniennes. Bruxelles: Academie royale de Belgique, 1949. (Entry numbers)

III. NATIONAL UNION CATALOGUES OF MUSIC

BUC. Edith B. Schnapper (editor), The British Union-Catalogue of Early Music Printed before the Year 1801. London: Butterworths Scientific Publications, 1957. (Page numbers)

DMA. Harald Heckmann (editor), Deutsches Musikgeschichtliches Archiv, Katalog der Filmsammlung. Kassel: Bärenreiter, 1955- . (Volume and entry numbers)

Davidsson Impr. Åke Davidsson, Catalogue critique et descriptif des imprimés de musique des XVIe et XVIIe siècles conservés dans les bibliothèques suédoises. Upsala: Almqvist & Wiksell, 1952. (Entry numbers)

Davidsson Oeuv Th. ibid., Catalogue critique et descriptif des ouvrages théoriques sur la musique imprimés au XVIe et au XVIIe siècles et conservés dans les bibliothèques suédoises. Upsala: Almqvist & Wiksell, 1953. (Entry numbers)

IV. CATALOGUES OF PARTICULAR LIBRARIES AND COLLECTIONS

Cortot. Bibliothèque Alfred Cortot ..., 1. partie: Traités et autres ouvrages théoriques des XVe, XVIe, XVIIe et XVIIIe siècles. Argenteuil: R. Coulouma, 1936. (Page numbers)

Fétis. Bibliothèque royale de Belgique, Catalogue de la bibliothèque de F. J. Fétis. Bruxelles: Muquardt, 1877. (Entry numbers)

Gaspari. Gaetano Gaspari (compiler), Catalogo della biblioteca del Liceo musicale di Bologna .... Bologna: Libreria Romagnoli dall'Acqua, 1890-1943. (Volume and page numbers)

Gregory-Sonneck. Julia Gregory (compiler) and O. G. Sonneck, Library of Congress, Catalogue of Early Books on Music (before 1800). Washington, D.C.: Government Printing Office, 1913. (Page numbers)

Huys. Bernard Huys, Catalogue des imprimés musicaux des XVe, XVIe, et XVIIe siècles: Fonds général. Bruxelles: Bibliothèque royale de Belgique, 1965. (Entry numbers)

Upsala. Rafael Mitjana and Åke Davidsson, Catalogue critique et descriptif des imprimés de musique des XVIe et XVIIe siècles, conservés à la Bibliothèque de l'Université Royale d'Upsala. Upsala: Almqvist & Wiksell, 1911-1951. (Entry numbers, of/for anthologies, the entry sigla)

Wolfenbüttel. Wolfgang Schmieder (compiler) and Gisela Hartwieg, Katalog der Herzog-August-Bibliothek Wolfenbüttel, Neue Reihe, XII: Musik; Alte Drucke bis etwa 1750, Textband. Frankfurt-am-Main: Klostermann, 1967. (Entry numbers)

Wolffheim. Martin Breslauer and Leo Liepmannssohn (antiquarian dealers), Versteigerung der Musikbibliothek des Herrn Dr. Werner Wolffheim. Berlin, 1928-1929. (Volume and entry numbers)

V. SPECIALIZED SUBJECT AND FORM BIBLIOGRAPHIES

Bäumker. Wilhelm Bäumker, Das katholische deutsche Kirchenlied in seinen Singweisen, von den frühesten Zeiten bis gegen Ende des 17. Jahrhunderts. Freiburg: Herder, 1883-1911. (Volume, page, and entry numbers)

17

Brown. Howard Mayer Brown, Instrumental Music Printed before 1600: A Bibliography. Cambridge, Mass.: Harvard University Press, 1965. (Entry sigla)

Davidsson Th. Åke Davidsson, Bibliographie der musiktheoretischen Drucke des 16. Jahrhunderts. Baden-Baden: Heitz, 1962. (Entry numbers)

Pidoux. Pierre Pidoux, Le psautier huguenot du XVIe siècle. Bâle: Bärenreiter, 1962. (Entry sigla)

Sartori. Claudio Sartori, Bibliografia della musica strumentale italiana stampata in Italia fino al 1700. Firenze: Olschki, 1952. (Entry sigla)

Vogel. Emil Vogel, Bibliothek der gedruckten weltlichen Vocalmusik Italiens. Berlin: Haack, 1892. (Entry numbers, under the name of the composer as in the present entry, unless specified otherwise)

Zahn. Johannes Zahn, Die Melodien der deutschen evangelischen Kirchenlieder, aus den Quellen geschöpft und mitgeteilt. Gütersloh: Bertelsmann, 1889-1893. (Entry numbers from the list of titles in volume 6)

VI. MISCELLANEOUS SOURCES

Bötticher. Wolfgang Bötticher, Orlando di Lasso und seine Zeit, 1532-1594. Kassel: Bärenreiter, 1958. (Citations adapted from the sigla in the chronological catalogue on pp. 747-818. I have taken the liberty of substituting numbers for the Greek letters, in the absence of conveniently available type, and with apologies to the reader for asking him to count the Greek alphabet on his fingers.)

MGG. Friedrich Blume (editor), Die Musik in Geschichte und Gegenwart: Allgemeine Enzyklopädie der Musik. Kassel: Bärenreiter, 1949-1968. (Volume and column numbers)

Thibault-Perceau. Geneviève Thibault and Louis Perceau, Bibliographie des poésies de P. de Ronsard mises en musique au XVIe siècle. Paris: Société française de musicologie, 1941. (Entry numbers)

Index of Categories

* The page is that of the original Bolduanus text, not of this book. Following each category name, in parenthesis, is the number of entries it contains.

BIBLIOTHECA PHILOSOPHICA,
sive_:
ELENCHUS

SCRIPTORUM PHILOSOPHICORUM ATQVE PHILOLOGICORUM ILLUSTRIUM, QVI PHILOSOPHI-
am ejusq́; partes aut omnes aut præcipuas, quovis tempore idiomatéve usque in annum præ sentem Redemptionis M. DC. XIV. descripserunt, illustrarunt & exornarunt, secundum artes & disciplinas, tùm liberales tùm Mechanicas earumq́ue titulos & locos communes, autorumq́ue nomina ordine alphabetico digesta_.

ACCESSERUNT GRÆCÆ LATINÆ QVE LINGVA-
rum tùm prosarum tùm ligatarum Autores classici, illorum ætates
atq̧ interpretes, ac inde extructa variarum lingvarum Lexica,
Loci communes, Apophtbegmata, Colloquia, Pbra-
ses, & c. additis ubivis loco, tempore
& forma impreßionis.

Universis & singulis omnium artium & scientiarum Studiosis, ad studia sua commodius formanda, maximè
utilis & pernecessarius.
*Concinnatus studio & opera_*
PAULI BOLDUANI STOLP. POM,
ECCLESIÆ CHRISTI, QVAM VESSINI
sibi collegit, Pastoris.
JENÆ
Apud JOANNEM WEIDNERUM, Impensis
HÆREDUM Thomæ Schureri, Bibl. Lips.

∞

Facsimile and Annotations

MUSICAE PRAECEPTA

1. GUMPELZHAIMER, 1595. Eitner 4:425; RISM 1595[14]; Davidsson Th 213; Brown 1595[4]. See also 69 below	C:1227	1:300
2. --, 1612. The 4th edition is dated 1605, the 5th 1611, the 6th 1616: see Eitner 4:425; RISM 1605[21], 1611[22], 1616[23]. No edition is known from 1612: the 1611 is probably intended	(Late)	1:302
3. [COCLICUS], Adrianus Petit, 1552. Eitner 3:2; Davidsson Th 133	--	--
4. WILLAERT, 1559. Eitner 10:263; BUC 1082; Gaspari 2:514; Vogel 1	C:1228	--
*5. --, 1569. This could be either another unknown Willaert edition (cf. 545 below) or the <u>Musica nova</u> of Giulio Fiesco (cf. 822 below)	(C:1226)	(1:1010?)
6. CRAPPIUS, 1608. Eitner 3:98	C:1227	1:150
*7. LUCELBURGER, 1604. Unlocated; cf. Eitner 6:236	C:1227	--
8. PAPIUS (not Rappius), 1581. Eitner 7:314; Gregory-Sonneck 204; Huys 328; Wolffheim 1:902; Davidsson Th 454. Also listed as 449 below	C:1227	1:765
9. RASELIUS, 1589. Eitner 8:130; Gregory-Sonneck 226; Davidsson Th 479	C:1227	1:770
*10. AUGUSTINUS, 1569. Unlocated. Eitner 1:240 and Davidsson Th 43 report a Crakow 1536 edition. The Burck edition cited by Göhler is a possible candidate	--	(1:77?)

Rythmomachiæ sive Arithmomachiæ Ludi Mathematici ingeniosissimi descriptiones duæ. Erphord. 1577. in 4.

Sexti Emperici adversus Mathematicos, h. e. adversus eos, qui profitentur disciplinas, opus Græcè nunquam, Lo. nunc primùm editum, Gentiano Herveto interprete. Ejusdem Pyrrhoniarum libri tres: quibus in tres Philosophiæ partes severissimè inquiritur, interp. Henr. Stephano. Ant. 1569. in fol.

Simonis Stevini Hypomnemata mathematica. Ambstelrodami. 1608. in folio.

Tychon s Brahe de disciplinis mathematicis oratio, in Acad. Hafnienf. Ann. C. 1574. recitata, nunc primùm edita, studio Conradi Aslaci. Hafniæ. 1610. A. in 8.

IV. MUSICÆ PRÆCEPTA.

Adami Gumpezhaimeri Trospergii compendium musices Latinogermanicum. August. 1595. in 4. auctum & correctum, ibid. 1612. V.

Adriani Petri compendium musices: de modo ornatè canendi: de regula contrapuncti: de compositione. Norimbergæ. 1552.

Adriani Willaert musica nova, 3. 4. 5. 6. & 7. vocum. Venet. 1559. 1569. in 4. Ital.

Andreæ Crappii musicæ artis elementa. Hallæ. 1608. in 8.

Andreæ Lucelburgeri musicæ practicæ libri duo. Coburgi. 1604. V. in 8.

Andreæ Rappii de consonantiis seu pro Diatesseron libri duo. Ant. 1581. in 8.

Andreæ Rasselii hexachordum, seu quæstiones musicæ practicæ, sex capitibus comprehensæ, quæ continent perspicua methodo ad praxin, ut hodie est necessaria, hoc ordine distinctæ, & duodecim modorum doctrina illustratæ. Norimbergæ. 1589. in octavo.

Aurelii Augustini. Baf. 1569. cum reliquis ejus operibus in a Tomo.

Z   Bal-

Balthafar Brafpernius de Mufica chorali Baf. 1500. in 4.

Chriftophori Demantii Ifagoge artis muficæ, ad incipientium captum maximè accommodata. Norib. 1607. V. in 8. German. Onolzbachii. 1611.

Chriftophori Hitzenaveri perfacilis, brevis & expedita ratio componendi Symphonias concentusvè muficos. Lavingæ. 1585. in 8.

Chriftophori Thomæ Walliferi muficæ figuralis præcepta brevia, facili ac perfpicua methodo confcripta, quibus præter exempla acceffit centuria exemplorum fugatumque 2 3. 4. 5. 6. & plurium vocum in tres claffes tributa. Argent. 1611 A. in 4.

Claudii Martini mufices compendium. Parif 1550. in 4.

Cornelii de Montfort dicti de Glocklund, inftructio methodica & facilis ad difcendam muficam practicam. Lugduni. 1587. Gallicè.

Cyriaci Snegaffii Ifagoges muficæ libri duo. 1591. in 8.

Danielis Lagneri foboles mufica. Norib. in 4.

Davidis Wolckenfteinii mufica. Argent. 1579 in 8.

Erici Puteani Sigambri modulata Pallas, hoc eft, feptem difcrimina vocum ad harmonicæ lectionis compendiarium ufum. Mediolani. 1600. in 8.

Francifci Gafori de mufica practica & theorica & inftrumentali opera tria. Mediolani. 1518.

Friderici Beurhufii erotematum muficæ libri duo, ex optimis hujus artis fcriptoribus vera perfpicuaque methodo defcripti. Norib. 1580 in 8.

Georgii Coberi tyrocinium muficum. Norib. 1589. in 8.

Georgii Fabri mufices inftitutio. Baf. 1553.

Georgii Pictorii mufices compendium cum quinque vocibus.

Georgii Theodorici quæftiones muficæ breviffimæ ex variis autoribus collectæ. Gorlicii. 1573. in 8.

Guidonis Aretini mufica. Lipfiæ 1605. V. 8. apud Jonam Rofium.

Guilielmi Poftelli tabula in muficam theoricam. Parifiis. 1552.

Henrici

11. PRASBERG, 1500. Title begins <u>Clarissima plane</u> ...; editions located from 1501, 1504, 1507: Eitner 8:51; Cortot 155; Wolffheim 1:934; Davidsson Th 467-69	--	--
12. DEMANTIUS, 1607. Eitner 3:171	C:1227	2:352
*13. --, 1611. Unlocated	(Late)	2:352
14. HITZENAUER, 1585. Eitner 5:162; Davidsson Th 295	C:1227	--
15. WALLISER, 1611. Eitner 10:160; DMA 2:582; Gaspari 1:264	(Late)	2:1634a
16. MARTIN, 1550. Eitner 6:348; Lesure-Thibault DuChemin, 7	C:1227	--
17. BLOCKLAND (Brockland de Montfort), 1587. Eitner 2:198; Davidsson Th 66	C:1227	1:650
18. SCHNEEGASS, 1591. Eitner 9:50; Davidsson Th 520	C:1228	1:855
19. LAGKNER, (1602). Eitner 6:15	C:1227	2:857
*20. WOLCKENSTEIN, 1579. Unlocated; see Davidsson Th 587. Also listed as 81 below; for 4th edition of 1585 see 82	C:1228	1:1012
21. PUTEANUS, 1599 (not 1600). Eitner 8:94; Donà 53; Huys 365; Wolffheim 1:945; Davidsson Th 473	C:1227	--
22. GAFORI, 1518. Title begins <u>De harmonia</u> musicorum: Eitner 4:121; Cortot 82; Gregory- Sonneck 102; Wolffheim 1:651; Davidsson Th 250	C:1227	--
23. BEURHUSIUS, 1580. Eitner 2:23; DMA 1:431; Davidsson Th 57	C:1226	(1:67)
*24. KÖRBER, 1589. Unlocated; cf. Eitner 2:475, 5:407. Also listed as 204 below	C:1227	(1:144)
25. FABER, Gregor (not Georg), 1553. Eitner 3:370; BUC 323; Cortot 73; Gregory-Sonneck 86; Huys 98; Wolffheim 1:620; Davidsson Th 172. (Cf. Huys 97)	C:1227	--
*26. PICTORIUS. Unlocated (Georgius Victorinus?)	--	--
27. DIETRICH, 1573. Eitner 3:199; Davidsson Th 153	C:1228	1:921
28. GUIDO D'AREZZO, 1604 (not 1605). Eitner 4:418; Fétis 7166	--	2:646
29. POSTEL, 1552. Eitner 8:36; Davidsson Th 465	C:1227	--

		Draudius	Göhler
*30.	BARYPHONUS, 1609. Unlocated; cf. Eitner 1:359	--	2:67
31.	FABER, 1569. Editions located from 1568 and 1571: Eitner 3:371; Davidsson Th 187,191	--	1:194
*32.	--, 1552. Unlocated; cf. Davidsson Th 176	--	--
*33.	--, 1609. Unlocated; for 1612 Erfurt edition see Eitner 3:371	--	1:197
34.	GLAREANUS (i.e., Loricus), 1516. Eitner 4:275; Cortot 89; Gregory-Sonneck 110; Wolffheim 1:674; Davidsson Th 269	--	--
*35.	--, 1549. Unlocated; cf. Davidsson Th 271	C:1227	--
36.	FABER STAPULENSIS, 1496. Title begins Elementa musicalia, being a part of Faber's edition of the Arithmetica of Jordanus Nemorarius: Eitner suppl. 0:93; Goff J-472. See also Eitner 7:170 and Gaspari 1:212	--	--
37.	PAIX, 1589. Presumably the Kurzer Bericht auss Gottes Wort: Eitner 7:293; Davidsson Th 452. Also listed as 76 below	C:1227	--
38.	ZANGER, 1554. Eitner 10:325; DMA 1:486; Gregory-Sonneck 295; Wolffheim 1:1117; Davidsson Th 601	C:1228	--
39.	IDEAE MUSICAE, 1601. Eitner 5:242	C:1226	1:1307
*40.	INTRODUCTIO, 1604. Unlocated	(C:1226)	1:1309
41.	AVIANUS, 1581. Eitner 1:247; Davidsson Th 45	--	1:42
42.	CRUSIUS, 1593. Eitner 3:122; DMA 1:1302; Davidsson Th 140	C:1227	1:161
43.	FRISIUS, 1554. BUC 353; Staedtke 106-7; Davidsson Th 242	C:1227	--
44.	FROSCH, 1535. Title begins Rerum musicarum: Eitner 4:95; Huys 105; Davidsson Th 244	--	--
45.	GALLICULUS, 1520. Title begins Isagoge: Eitner 4:133; Davidsson Th 258	--	--
46.	--, 1548. (4. Auflage). Eitner 4:133; Davidsson Th 261; MGG 4:1295	--	--
47.	LIPPIUS, 1612. Eitner 6:187; DMA 1:464	(Late)	2:883
48.	MACHOLD, 1595. Eitner 4:265; Davidsson Th 404	--	1:608

Henrici Bariphoni Wernigerodani isagoge musica. Magdeburg. 1609. A. 8.

Henrici Fabri introductio ad musicam practicam, non
modò præcepta, sed exempla quoque adusum puerorum accommodata, quàm brevissimè complectens. Mülhusii. 1569.
in quarto.

Ejusdem compendium musicæ pro incipientibus. Lipsiæ,
1552. in octavo.

Ejusdem musicæ compendium Latinogermanicum, Erphordiæ. 1609. V. in 8.

Henrici Lorici musica. Basileæ, 1516. & alibi ejusdem de musica libri doctissimi. ibid, ap. Henricum Petri. 1549. in fol.

Jacobi Fabri. Parif. 1496. in f. cum aliis quibusdam ejusd.

Jacobi Paix tractatus musicam diligenter exercendam &
retinendam esse, tum publicè in Ecclesiis & Scholis, tum in pri-
vatis etiam ædibus. Laving. 1589. in 4. German.

Jani Zangeri musicalia. Lipsiæ. 1554.

Ideæ musicæ artificio planè novo doctrinam illam ita tra-
dens, ut paucarum horarum spacio addiscere eam quis possit.
Francof. 1601. A. 4.

Introductio brevis in artem musicam pro schola Vesalien-
si. 1604. in 8.

Joannis Avianii isagoge in libros musicæ poëticæ. Erphordiæ. 1581 in 4.

Joannis Crusii isagoge ad artem musicam. Norimbergæ.
1593 in octavo.

Joannis Frisii musica, tabulæ forma: deinde libelli, cum
omnium Horatii & aliorum poëtarum carminum generibus,
&c. Tiguri. 1554.

Joannis Froschii musices compendium. Argent. 1535.

Ioannis Galliculi musica. Lipsiæ. 1520. Witeb. 1548.

Ioannis Lippii synopsis musicæ novæ omninò veræ atque
methodicæ. Argent. 1612. in 8.

Ioannis Macholdi compendium Germanicolatinum musicæ practicæ quæstionibus expositum. Erphordiæ. 1595.

Z 2   Ioannis

Joannis Magiri artis muficæ legibus logicis methodicè informatæ libri duo. Francof. *1595*. 8. Brunsvig. 1610. A. in 8.

Joannis Nucii mufices poëticæ-five de compofitione cantùs præceptiones abfolutifsimæ. Niffenæ. 1613. V. in 4.

Joannis Spangenbergii quæftiones muficæ. Colon. 1579. in 8. *1593*. in 12.

Jodoci Willichii introductio in artem muficam. Vefaliæ. 1613. V. in 8.

Lucæ Lofsii erotemata muficæ practicæ ex probatifsimis quibusque hujus artis fcriptoribus accuratè & breviter felecta. Notib. *1579*. in 8.

Martini Scheffleri fylvulæ muficæ libri duo. Hildefii. 1605. A. in octavo.

Michaëlis Keinfpeck lilium muficæ planæ. Auguftæ. 1500.

Nicolai Lifthenii mufices compendium. Norib. *1540*. in 8.

Nicolai Roggii muficæ practicæ five artis canendi elementa modorumque muficorum doctrina quæftionibus rotundè expofita. Nor. *1565*. Hamb. *1596*. in 8.

Othonis Sigfridi artis muficæ delineatio, doctrinam modorum in ipfo concentu practico demonftrans, cum introductione pro incipientibus accommodata. Francof. 1608. A. in 4.

Rodolphi Schlickii exercitatio, qua mufices origo prima, cultus antiquifsimus, dignitas maxima & emolumenta explicantur. Spiræ. *1588*. in 8.

Sethi Calvifii melopoya five melodiæ condendæ ratio, quam vulgò muficam poëticam vocant. *1567*.

Ejusdem compendium muficæ pro incipientibus confcriptum, Lipfiæ. *1595*. in 8.

Ejusdem exercitatio mufica tertia, de præcipuis quibusdam in arte mufica quæftionibus inftituta. ibid. 1611. in 8.

Ejusdem muficæ præcepta nova & facilima per feptem voces muficales pro incipientibus confcripta, ibidem. 1612. V. in 8.

49.	MAGIRUS, 1595. Eitner 6:275	--	1:613
*50.	--, 1610. Unlocated; cf. Eitner 6:275	C:1227	1:614
51.	NUCIUS, 1613. Eitner 7:218; DMA 1:2224	(Late)	2:1026
*52.	SPANGENBERG, 1579. Unlocated; cf. Davidsson Th 548	C:1228	1:876
*53.	--, 1593. Unlocated; cf. Davidsson Th 550	C:1228	1:876
*54.	WILLICHIUS, 1613. Unlocated; cf. Eitner 10:267	(Late)	--
55.	LOSSIUS, 1579. Eitner 6:224; Davidsson Th 395	C:1227	1:594
*56.	SCHEFFLER, 1605. Unlocated; cf. Eitner 8:473	--	2:1309
57.	KEINSPECK, 1500. Eitner 5:334; Goff K-10	--	--
58.	LISTENIUS, 1541 (not 1540). Eitner 6:140; Davidsson Th 354	C:1227	--
59.	ROGGIUS, 1566 (not 1565). Eitner 8:280; Wolffheim 1:975; Davidsson Th 506	--	1:818
60.	--, 1596. Eitner 8:281; Wolfenbüttel 1283; Davidsson Th 509	(C:1228)	1:819
61.	[HARNISCH], Otto Siegfried, 1608. Eitner 5:24; DMA 1:1329	(C:1227)	1:335
62.	SCHLICK, 1588. Eitner 9:31; Gregory-Sonneck 247; Wolfenbüttel 1295; Davidsson Th 518	C:1228	--
63.	CALVISIUS, 1592 (not 1567). Eitner 2:287; Wolffheim 1:542; Davidsson Th 102	C:1227	1:96
64.	--, 1594 (not 1595). Davidsson Th 103	--	1:97
65.	--, 1611. Eitner 2:287; DMA 1:913; Gregory-Sonneck 50	(Late)	1:99
66.	--, 1612. Eitner 2:287; Davidsson OeuvTh 17; MGG 2:677	(Late)	1:100

SINGEKUNST UBUNG

67. WILPHLINGSEDER, 1569. Eitner 10:270; Davidsson Th 582	G:554	1:1008
68. RID, 1572. Eitner 8:222; DMA 1:438; Davidsson Th 192	G:554	1:195
69. --, 1591. Davidsson Th 207; MGG 3:1686 (unlocated). Possibly the Gumpelzhaimer adaptation of the Rid version of Faber's treatise: see 1 above	G:554	1:299(?)
*70. QUITSCHREIBER, 1605. Unlocated	--	2:1209
71. --, 1607. Eitner 8:106; Davidsson OeuvTh 81	G:554	2:1209
72. FABER, 1605. Eitner 3:10; Wolfenbüttel 1119 (editor is Colhardt, not Gotthart)	G:553	1:196
*73. GÖTTING, 1605. Unlocated. Possibly the Catechismus: see 973 below	G:553	2:615
74. GLAREANUS. Impossible to identify specifically in the absence of a date: see Eitner 4:275-76; Davidsson Th 271-75	G:553	--
75. ORGOSINUS, 1603. Title begins Musica nova: Eitner 7:242; Wolfenbüttel 1245. See also 79 below	G:554	2:1032
76. PAIX, 1589. Eitner 7:293; Davidsson Th 452. Cf. 37 above	G:554	--
77. BERINGER, 1606. Eitner 1:462	G:553	2:103
78. --, 1610 (not 1609). Eitner 1:462. See also Hans Albrecht in Die Musikforschung, 3 (1952) 367	--	2:104
79. MUSICA NOVA, 1602. Probably the 1603 Orgosinus: see 75 above	G:553	1:1308
80. MARESCHALL, 1589 (not 1590). Eitner suppl. 1:432; Davidsson Th 407. Also listed as 928 below	G:553	1:632

Singekunſt Vbung.

Ambroſij Wilfflingſeders Teutſche Muſica der Jugend zu gutem geſtelt / Nürnberg / 1569. in 8.

Chriſtophori Rid Muſica / kurtzer Inhalt der Singekunſt / aus M. Heinrich Fabri Lateiniſchem Compendio Muſices von Wort zu Wort für anfangende Lehrjungen ins Teutſch gebracht / Nürnberg / 1572. in 4. 1591. in 8.

Georgij Quitſchreibers kurtz Muſicbüchlein für die Jugend in Teutſchen vnd Lateiniſchen Schulen zu gebrauchen / mit Bericht / wie mann Geſänge anſtimmen ſoll / Leipzig / 1605. W. 1607. W. 8.

Heinrich Fabri Muſica / kurtze Anleitung der Singekunſt / durch Johann Gotthart verteutſcht vnd erklert / Leipzig / 1605. A. in 8.

Henrici Gottingi Bericht / wie mann in kürtzer Zeit die Muſicam lernen möge. Item Catechiſmus Lutheri in vier Stimmen / Franckfurt / 1605. in 8.

Henrici Glariani Muſica / Baſel bey Henrich Petri.

Henrici Orgeſihi newe Singekunſt / dadurch ein jeder alle Geſänge gar leichtlich kan lernen ſingen / Leipzig / 1603. W. in 8.

Jacobi Paix kurtzer Bericht aus Gottes Wort vnd bewährten Kirchen Hiſtorien von der Muſic / daß dieſelbige fleiſſig in der Kirchen / Schulen vnd Häuſern getrieben vnd ewig ſoll erhalten werden / Laugingen / 1589. in 4.

Martini Beringers Muſica / das iſt / die Singekunſt der lieben Jugend zum beſten in Frag vnd Antwort verfaſſet / Nürnberg / 1606. A. in 8. ibid. 1609. in 4.

Muſica noua / newe Singekunſt / da ſowol Frawen / als Mannsperſonen in einem Tag können lernen mit ſingen / Steinfurt / 1602. A in 4.

Samuelis Mareſchalli / Portá Muſices / das iſt / Einführung zu der edlen Kunſt Muſica / mit einem kurtzen Bericht vnd Anleitung zu den Violen / auch wie ein jeder Geſang leichtlich anzuſtimmen ſey / Baſel / 1592. in 4.

Z 3 OPE-

OPERA MUSICA.

Davidis Wolchenſteinii muſicum volumen ſcholarum Argentoratenſium. Argent. 1579, 1585. in 8.

Eduardi Lupi opuſcula muſica. Ant. 1602. in 4.

Friderici Weiſſenſee muſici opus melicum, planè novum, continens Harmonias ſelect. 4. 5. 6. 7. 8. 9. 10. & 12. voc. ſingulis diebus Dominicis & Feſtis accommodatas, quæ tàm viva voce, quàm organis muſicis cantari poſſunt. Magdeburgi apud Kirchnerum. 1603. in fol.

Omnes libri muſici, qui hactenus Norimbergæ in Officina Typographica Gerlachiana impreſſi ſunt, modò venales proſtant Francofurti apud Nicolaum Steinium. 1609. V.

Ludoici Viadani Itali opera omnia ſacrorum concentuum, 1. 2. 3. & 4. vocum, cum Baſſo continuo & generali, organo applicato, novàque inventione pro omni genere & ſorte Cantorum Organiſtarum accommodata. Adjuncta inſuper in Baſſo generali hujus novæ inventionis inſtructione & ſuccincta explicatione, Latinè, Italicè & Germanicè. Franccf. 1613. A. in 4. apud Steinium.

Orlandi di Laſſus Madrigalium libri tres, quatuor vocum. Italicè Venetiis. 1565. in quarto. Madrigalium libri tres, quinque vocum. ibidem. 1565. in quarto. Madrigalium liber quartus, quinque vocum. ibidem. 1567. in quarto. Mutetarum libri duo, quatuor, quinque, ſex, octo & decem vocum. Pariſiis. 1566. in quarto. Sacrarum cantionum libri quatuor, quinque, ſex, ſeptem & octo vocum. Venetiis. 1566. in quarto. Novem Lectiones ex Hiſtoria Hiobi, quatuor vocum. ibidem. 1565. Norimbergæ 1567. Lugduni. 1566. Lovanii. 1577. in quarto Magnificat octo tonorum, quatuor, quinque & ſex vocum. Norimbergæ, 1567. 1572. in quarto. Auguſtæ Vindelicorum. 1601. A. His acceſſerunt aliæ quatuor ab ejusdem Orlandi filio hactenus nunquam editæ. Monaehii. 1602. in fol. Antverpiæ. 1607. in quarto Selectiſsimæ cantiones, quas mutetas vocant, partim omninò novæ, partim nusquam in Germania excuſæ, quatuor, quinque & ſex vocum

OPERA MUSICA

81.	WOLCKENSTEIN, 1579. Same as 20 above, q. v.	C:1230	--
82.	--, 1585. Eitner 10:296; Davidsson Th 588	C:1230	1:1012
83.	LOBO, 1602. Eitner 6:193; Goovaerts 389; Stellfeld 12	C:1230	2:893
84.	WEISSENSEE, 1602 (not 1603). Eitner 10:219; RISM 1602^{10}. Also listed as 386 below	C:1230	2:1661
*85.	GERLACH. Omnes libri, 1609. Unlocated; cf. MGG 4:1802. See also Josef Benzing's "Die Buchdrucker des 16. und 17. Jahrhunderts im deutschen Sprachgebiet," Beiträge zum Buch- und Bibliothekswesen, 12 (1963) 341	C:1230	--
86.	VIADANA, 1613. Eitner 10:73; RISM 1613^{6}; BUC 1040	(Late)	2:1592
87.	LASSUS. Madrigali 4 voc., lib. 3, 1565. Unlocated; probably the 1563 edition of Il 3. libro delle muse: cf. Bötticher 1563/4	(C:1230?)	1:443
88.	--. Madrigali 5 voc., lib. 3, 1565. Unlocated; for editions of 1564 and 1566 see Eitner 6:62; RISM 1564^{18} and 1566^{12}; Vogel 29 and 30; Huys 200; Bötticher 1564/4 and 1566/3	C:1230	1:444
89.	--. Madrigali 5 voc., lib. 4, 1567. Eitner 6:62; Vogel 34; Bötticher 1567/5	C:1230	1:445
90.	--. Mutetarum, 1566. Possibly the 1565 Modulorum: Lesure-Thibault LeRoy-Ballard 94; Huys 159; Bötticher 1565/14. Also listed as 629 below	(C:1230)	--
91.	--. Sacrae cantionae, 1566. Eitner 6:62; Huys 182; Bötticher 1566/7-9	C:1230	1:449
92.	--. Novem lectiones, 1567. BUC 598; Bötticher 1567/2	C:1230	1:447(?)
93.	--. ---, 1566. Printed by Phalèse in Louvain, not Lyons: Bötticher 1566/6	C:1230	1:446(?)
94.	--. ---, 1577. Unlocated; for a 1571 edition see Bötticher 1571/12	--	--
95.	--. Magnificat, 1567. Eitner 6:62; BUC 598; Davidsson Impr 281; Wolffheim 2:1841; Bötticher 1567/3	--	(1:450)
96.	--. ---, 1573 (not 1572). BUC 598; Bötticher 1573/6	--	(1:450)
*97.	--. ---, 1601. Unlocated; cf. Bötticher 1601/4	--	1:512/2
98.	--. Cantiones sacrae (i. e., His accesserunt), 1602. Eitner 6:65; BUC 599; Bötticher 1607/2	--	(1:512)
*99.	--. ---, 1607. Unlocated; cf. Bötticher 1607/6	--	--
100.	--. Seledtissimae cantiones, 1578. Probably the 1568 editions of two books: Bötticher 1568/3-4; BUC 600; Huys 191 and 160-61; DMA 1:583-84; Eitner 6:63. See 112 and 630 below	--	1:452(?)

101. LASSUS. Cantiones aliquot, 1569. Eitner 6:63;   (C:1230)   1:454
BUC 599; DMA 1:116; Bötticher 1569/8
102. --. Selectiorum aliquot cantionum, 1570. Eitner   (C:1230)   1:455
6:63; Huys 187; Bötticher 1570/10
103. --. Moduli 5 voc. nunquam ..., 1571. Eitner 6:63;   C:1230   1:461
Huys 177; Upsala 119; Bötticher 1571/5
104. --. Moduli 5 voc. constantium ..., 1571. Eitner   (C:1230)   1:460
6:63; Huys 178; Bötticher 1571/2
105. --. Sex cantiones, 1573 (not 1572). Eitner 6:63;   (C:1230)   1:464
BUC 599; DMA 1:593; Vogel (Lassus) 53;
Bötticher 1573/8
106. --. Fasciculus aliquot cantionum, 1572. BUC 599;   C:1230   1:459
DMA 1:118; Bötticher 1572/5
107. --. Patrocinium musices: Cantionum, 1573. Eitner   C:1230   1:466
6:63; DMA 1:1444; Davidsson Impr 286; Bötticher
1573/9. Also listed as 631 below
108. --. ---: Passio, 1575. Eitner 6:63; DMA 1:1447;   C:1230   1:467
Bötticher 1575/3
109. --. Mutetarum, 1575. Eitner 6:64; Bötticher 1575/   (C:1230)   1:470
15. Also listed as 632 below
110. --. Novae cantiones, 1577. DMA 1:595; Huys 156;   (C:1230)   1:475
Brown 1577$_2$; Bötticher 1577/2
111. --. Patrocinium musices: Magnificat, 1576. Eitner   C:1230   1:469
6:63; DMA 1:1448; Bötticher 1576/3
112. --. Selectissimae cantiones, 1579. Eitner 6:63;   --   1:477
Davidsson Impr 288; Huys 162-63; Upsala 125;
Bötticher 1579/3. See 100 above. Also listed
as 634 below
113. LASSUS and RORE, 1569. Goovaerts 196(?)-7;   C:1230   1:456
Bötticher 1569/10-11
114. --, 1570. RISM 1570[7]; Davidsson Impr 285; Huys   C:1230   1:457
207; Upsala 333; Bötticher 1570/5. Also listed
as 185 below
115. LASSUS. Theatrum musicum, 1580. Eitner 6:64;   C:1230   1:478
Wolfenbüttel 573; Bötticher 1580/3-4
116. --. 6 voc. cantiones, 1580. Eitner 6:64; BUC 599;   C:1230   1:479
Bötticher 1580/5

vocum. Norimbergæ. 1578. in quarto. Cantiones aliquot quinque vocum, tùm viva voce, tùm omnis generis inſtrumentis
cantatu commodiſsimæ, Mon. 1569. in 4. Selectiorum aliquot
cantionum ſacrarum ſex vocum faſciculus, cum tribus Dialogis
octo vocum. ibidem. 1570. in quarto. Moduliquinis vocibus nunquam hactenns editi. Lovanii. 1571. in quarto. Modulorum quinis vocibus conſtantium libri tres, ibidem. 1571. in quarto. Sex
cantiones Latinæ quatuor vocum. Adjuncto Dialogo octo vocum. Sechs Teutſche Lieder mit vier/ ſampt einem Dialogo mit
acht Stimmen. Item ſex Gallicæ, & Italicæ Cant. 4. cum Dialogo octo vocum. Monachii. 1572. in quarto Faſciculus aliquot
cantionum, quinque vocum ibidem. 1572. in quarto. Patrocini-
a im muſices, cantionum, quas mutetas vocant, opus novum,
quinque tomis d.geſtum, quorum 1. 5. & 3. nunc in lucem prodierunt, grandiſimis, pro choro, notis & folio regali impreſ-
ſam. ibidem. 1573. Patrocinium muſices, paſſio quinque vocum,
& lectiones matutinæ de nativiiáte Chriſti quatuor vocum, pars
quarta ibidem in folio regali. 1575. Mutetarum liber trium, cum
vivæ voci, tum inſtrumentis applicandæ. 1575. in quarto. Novæ
cantiones duarum vocum. ibidem. 1577. Patrocinii muſices,
pars quinta, continens Magnificat aliquot, quatuor, quinque
& ſex vocum. ibidem. 1576. in folio regali. Selectiſsimæ cantiones, quas vulgò mutetas vocant, partim omninò novæ, partim
nuſquam in Germania excuſæ, ſex & pluribus vocibus compoſitæ Huic editioni acceſſere omnes Orlandi mutetæ, quæ in veteri theſauro noſtro muſico continebantur, cum alijs quibusdam,
ita ut ferè tertia parte opus hoc ſit auctius. Norimbergæ. 1579.
in quarto.

   Orlandi di Laſſus & Cypriani de Rore cantionum ſacrarum libri duo, quatuor vocum. Lovanii. 1569. in quarto. Eorundem libri quatuor cantionum Gallicarum 4. & 5. vocibus compoſitarum. ibid. 1570. in 4.

   Orlandi Laſſi theatrum muſicum, aliorumque præſtantiſ-
ſimorum muſicorum ſelectiſsimas cantiones ſacras 4. quinque
& plurium vocum repræſentans. 1580. in quarto. Sex vocum

                                                  cantiones

cantiones selectæ in usum Academiæ Argentoratensis. Argento-
rati. 1580 in octavo. Missarum liber quatuor & quinque vocum.
Norinbergæ, 1581. in octavo. Fasciculi aliquot sacrarum cantionum cum quinque, quatuor, sex & octo vocibus, antea quidem
separatim excusi, nunc verò in unum corpus redacti, autoris
consensu. ibidem. 1582. Missæ variis concentibus ornatæ, cum
cantico beatæ Mariæ; octo modis musicis variato. Parisiis. 1583.
in folio. Psalmi pœnitentiales modis musicis redditi. His accessit Psalmus 148. Laudate Dominum de cœlis, quinque vocum.
Monachii. 1584. in quarto. Duaci. 1600. A. Cantica sacra, recens
numeris & modulis mus. ornata, sex & octo vocibus, ib. 1585 in
quarto. Cantiones quatuor vocum, recens singulari industria,
compositæ. ibidem. 1585. in quarto. Hieremiæ Prophetæ lamentationes & aliæ piæ cantiones, nunquam ante hac visæ. ibidem.
1585. in quarto. Magnificat quatuor, quinque & sex vocibus, ad
imitationem cantilenarum quarundam, singulari concentus hi-
laritate excellentium. ibidem. 1587. in folio. Tertium opus musicum continens lectiones Hiobi, & Mutetas seu cantiones sacras, quatuor, quinque & sex vocum. Additæ sunt etiam in fine
aliquot piæ Ferdinandi Lassi cantilenæ, nunc primùm in lucem
editæ. Norimbergæ. 1588. in quarto. Libri Mutetarum, quæ cum
vivæ voci, tum omnis generis instrumentis musicis commodissi-
mè applicari possunt. Monachii. 1591. in quarto. Cantiones sacræ
sex vocum, quas vulgò Mutetas vocant. Græci Styriæ. 1594. in
quarto. Cantiones quinque vocum ab Orlando & ejus filio Fer-
dinando di Lasso compositæ. Monachii. 1596. in quarto. Quin-
quaginta Psalmi Gallicè. Heidelbergæ. 1597. in quarto. Sacrarum
cantionum flosculi. Antverpiæ. 1607. V. in quarto. Prophetiæ Si-
byllarum quatuor vocibus, chromatico more singulari confe-
ctæ industria, & per Rodol. ejus filium typis datæ. 1600. A. in
octavo. Cantiones sacræ ab Orlando di Lasso & hujus filio Rodol-
pho, sex vocibus compositæ, typis jam primum subjectæ. Monachii. 1601. V. in quarto. Magnum opus musicum, complectens
omnes cantiones, quas Mutetas vocant, tàm antea editas, quam
hactenus nondum publicatas, ab ejusdem filiis summo studio
colle-

117. LASSUS. Missarum, 1581. Eitner 6:64; DMA 1:119; Huys 141; Upsala 127; Wolffheim 2:1843; Bötticher 1581/5. Also listed as 530 below	C:1230	1:480
118. --. Fasciculum ... cantionum, 1582. Eitner 6:63; BUC 600; Bötticher 1582/8	C:1230	1:482
119. --. Missa variis, 1583. Lesure-Thibault LeRoy -Ballard 200-bis; Bötticher 1577/4. Also listed as 531 below	C:1230	1:489
120. --. Psalmi poenitentiales, 1584. Eitner 6:64; BUC 600; DMA 1:600; Upsala 129; Bötticher 1584/6	C:1230	1:490
*121. --. ---, 1600. Unlocated; cf. Bötticher 1600/6	--	1:490
122. --. Cantica sacra, 1585. Eitner 6:65; BUC 600; DMA 1:123; Huys 194; Bötticher 1585/4	C:1230	1:493
123. --. [Sacrae] Cantiones 4 voc., 1585. Eitner 6:65; BUC 600; DMA 1:121; Huys 158; Bötticher 1585/9	--	1:492
124. --. Hieremiae ... lamentationes, 1585. Eitner 6:65; BUC 598; DMA 1:1601; Huys 155; Bötticher 1585/3. Also listed as 759 below	--	1:491
125. --. Magnificat, 1587. Eitner 6:65; DMA 1:1449; Huys 149; Wolffheim 2:1849; Bötticher 1587/4	--	1:496
126. --. Tertium opus musicum, 1588. Eitner 6:65; RISM 1588[8]; DMA 1:127; Wolfenbüttel 250; Bötticher 1588/1. Also listed as 635 below	--	1:498
*127. --. Libri mutetarum, 1591. Unlocated; cf. Bötticher 1591/3. Also listed as 633 below	C:1230	1:501
128. --. Cantiones sacrae, 1594. Bötticher 1594/2. Also listed as 636 below	C:1230	1:505
129. --. Cantiones 5 voc., 1597 (not 1596). Eitner 6:65; RISM 1597[3]; DMA 1:130; Bötticher 1597/1	--	1:508
130. --. 50 pseaumes, 1597. RISM 1597[6]; Bötticher 1597/2; Pidoux 1597/I. Also listed as 697 below	E:269	1:509
*131. --. Sacrarum cantionum, 1607. Unlocated; cf. Bötticher 1607/6	--	1:514
132. --. Prophetiae sibyllarum, 1600. Eitner 6:65; Bötticher 1600/1	--	1:510
133. --. Cantiones sacrae, 1601. Eitner 6:65; RISM 1601[3]; BUC 601; Huys 212; Bötticher 1601/1. Also listed as 307 below	--	1:511
*134. --. Magnum opus musicum, 1609. Unlocated; cf. Bötticher 1610/4. Also listed as 393 and 638 below	--	1:513

135. LASSUS. Misse posthumae, 1612. Extant edition   (Late)   1:516
is dated 1610: Eitner 6:65; DMA 1:132; Huys
142; Bötticher 1610/1. Also listed as 532 below
136. --. Suavissimae ... cantilenae, 1587. RISM   --   1:1049
1587[14]; BUC 696. Also listed as 165 below
137. --. Theatrum musicum, 1571. Eitner 3:324;   --   1:1040
RISM 1571[16]; Brown 1571[6]; Bötticher 1571/9
*138. --. Thesaurus tabulaturae, (1576). Unlocated;   C:1229   1:1287
also listed as 938 below

CANTIONES SACRAE INSIGNIORES

139. SCHADAEUS, 1612. The Promptuarium musicum,   (Late)   2:1292-5
pars 1 (1611), 2 (1612), 3 (1613), and later: Eitner
8:464; RISM 1611[1], 1612[3], 1613[2]; BUC 926; DMA
1:1519-21; Davidsson Impr 403-5; Upsala 1611-13.
Also listed as 443-45 below
140. GUMPELZHAIMER, 1601. Eitner 4:426, suppl.   C:1210   1:292
3:855; BUC 411; Wolffheim 2:1796
141. FABRITIUS, 1595. Eitner 3:378; BUC 323; DMA   C:1210   1:202
1:50; Upsala 69; Wolfenbüttel 105
*142. MARINO, 1588. Unlocated; cf. Eitner 6:334   C:1211   --
143. UTENDAL, 1571 (not 1570). Eitner 10:15; BUC   C:1212   1:537
1030; DMA 1:258; Upsala 229. Also listed as
547 below
144. NEANDER, 1610. Eitner 7:161; Davidsson Impr   --   2:1007
357. See also 551 below
145. BERGER, 1606 (not 1607). Eitner 1:457; RISM   C:1214   2:99
1606[1]; BUC 102. Also listed as 447 below
146. CRAPPIUS, 1581 (not 1582). Eitner 3:98; BUC   (C:1209)   1:149
238; DMA 1:522
147. MYLLER, 1604. Unlocated; cf. Eitner 7:130   --   2:995

collectum. Auguft. 1609. V. f. Miffę pofthumæ veteri Romano Catholico, in modos qua fenos, qua octenos hactenus ineditæ, & omnium quas edidit lectifsimę vulgatę ftudio filii ejus Rodolphi. Monach. 1612. in f. reg.

Svavifsimæ præftantifs. noftræ ætatis artificum Italianor. cantilenæ, 4. 5. 6 & 8. vocum, quæ partim Ln. partim German. facris ac piis textib. ornatæ, & nufquam hactenus in Germania excufa funt. Erphord 1587. in 4.

Theatrum muficum, cui autorum præftantifs. tum veterum, tum recentium carmina felectifsima funt inferta. Lovanii. 1571. in fol.

Thefaurus tabulaturæ, vulgaris cytharæ, omnes phantafias cantionesque pulcherrimas continens. ibid. in 4.

Cantiones facræ infigniores.

Abrahami Schadæi facrarum cantionum promptuarium. Argent. 1612.

Adami Gumpelzheimeri facrorum concentuum octonis vocibus modulandorum. Auguft. Vindel. 1601. A. in 4.

Albini Fabricii cantiones facræ fex vocum. Græcii. 1595. in 4.

Alexandri Marini facrarum cantionum fenis vocibus concinendarum lib. 1. Venet. 1588. in 4.

Alexandri Utendal cant. facrę 5. voc. Norimb. 1570.

Alexii Neandri cantiones facræ 4. & 5. vocum. Francofur. 1610. A. in 4.

Andreę Bergeri harmonię facrę 4. 5. 6. 7. & 8. vocibus decantandę. Auguft. 1607. 4.

Andreæ Crappii facrę aliquot cantiones 5. & 6. voc. tam vivę voci, quàm diverfis inftrumentorum generibus accommodatę, quibus adjuncta eft Miffa ad imitationem cantionis Germanicæ: Schaff in mir Gott ein reines Hertz. Magdeb. 1582. in 4.

Andreę Mylleri novi thefauri, h. e. facrarum cantionum, 5. 6. 7. 8. & 9. pluribusque vocibus in Ecclefia concinendarum, pars hyemalis. 1604. V. in 4.

Antonii Bertrandi cantiones quatuor vocum. Parif. 1578.
Gallicè.

Antonii Scandelli cantiones facræ, 4. 5. & 6. vocum, cum
Dialogo 8. vocum. Norinb. 1575.

Auguftini Bendinelli facræ cantiones, 8. vocum. Venetiis.
1585. in 4.

Earundem liber II. ibid. 1588. in 4.

Ejusdem facrarum cantionum libri duo, quouum prior
cantiones 4. vocum, pofterior 5. vocum continet. Francofurti.
1604. V. in 4.

Balduini Hayoul facræ cantiones, 6. 7. 8. & 9. vocum, quæ
cùm vivæ voci, tùm omnis generis inftrumentis muficis commo-
difsimè applicari poffunt. Norinb. 1587. 4.

Bartholomæi Gefii melodiæ quinque vocum. Francofurt.
March. 1597. 4.

Ejusdem Chriftliche Hauß vnd Tifch Mufic / auff alle Tag /
Morgends vnd Abends / auch vor vnd nach dem Effen / gantz lieblich vnd tröftlich zu fingen / mit vier Stimmen / Wittemberg /
1605. V. in 8.

Benedicti Fabri facræ cantiones 4. 5. 6. 7. & 8. vocibus concinendæ. Coburgi 1605. A. in 4.

Bernardini Garulli cantiones quinque vocum. Ven. 1565. 4.

Bernardi Klingenftein Trioda facra lib. I. Diling. 1605. A. 4.

Blafii Ammonii facra cantica. 4. 5. & 6. vocum. Miffæ 4.
vocum. Monahii. 1593. in 4.

Cantiones facræ fuavifsimorum modulorum felectifs. collectæ. 4. 5. 6. & 8 vocum, quibus adjuncta eft Miffa eleganti artificio. ibidem. 1590.

Cantionum facratum Corollarium, 5. 6. 7. 8. & plur. voc.
de præcipuis feftis anni. Norib. 1591.

Cantionum facrarum continuatio, 4. 5. 6. 7. 8. & plur. vocum ibidem. 1588.

Cantiones facræ 5. 6. & plurium vocum. ibidem 1585.

Cantiones fuavifsimæ quatuor vocum. Erphord. 1575. in 4.

Cantiones . . . . noftræ ætatis artificum Italiano-
rum,

148. BERTRAND, 1578. Title begins Tiers livre des chansons a 4 parties: Lesure-Thibault LeRoy-Ballard 212	C:1204	--
*149. SCANDELLO, 1575. Title begins Auserlesene teutsche Geistliche Lieder (Göhler). Unlocated; cf. Eitner 8:447-48	C:1211	1:845
150. BENDINELLO, 1585. Published in Verona, not Venice: Eitner 1:440; BUC 100	C:1209	--
151. --, 1588. Published in Venice: Eitner 1:440; RISM 1588[6]; BUC 100	(C:1224)	--
152. --, 1604. Eitner 1:440; RISM 1604[4]; Upsala 15-16	C:1209, (C:1224)	1:59
153. HOYOUL, 1587. Eitner 5:216 (cf. 5:79); Wolfenbüttel 202	(C:1210?)	1:408
154. GESIUS, 1597. Perhaps the Hymni scholastici (4 voices): Eitner 4:214; Zahn 333. Cf. also 401 and 705 below	C:1204? or C:1205	1:263
155. --, 1605. Eitner 4:215; Zahn 375	--	1:259
156. B. FABER, 1604 (not 1605). Eitner 3:370; Davidsson Impr 169	C:1210	2:444
157. GARULLI, 1565. Probably the Modulationum of 1562: Eitner 4:160; BUC 362	C:1204	1:236
158. KLINGENSTEIN, 1605. Eitner suppl. 1:978; RISM 1605[1]; BUC 573; Bucher Meltzer 10. Also listed as 873 below	C:1235	2:813
159. B. AMMON, 1593. Extant edition entitled Breves et selectae ... motetae: Eitner 1:130; BUC 26; DMA 1:10. Cf. 556 below, however	(C:1209)	(1:30)
*160. [--], Cantiones, 1590. Unlocated; for the 4-6 voice Sacrae cantiones see Eitner 1:130; BUC 26; DMA 1:501	--	1:28
*161. --, 1591. Unlocated	--	1:1054
*162. --, 1588. Unlocated	--	1:1050
*163. --, 1585. Unlocated	--	1:1048
164. [SCHRÖTER], Cantiones suavissimae, 1575. Eitner 9:74; RISM 1576[2]	C:1204	1:1043
165. [LASSUS], Cantilenae praestantissimae, 1587. Same as 136 above, q. v.	C:1204	1:1049

*166. CANTIUNCULAE, 1530. Unlocated; cf. Eitner 9:59	C:1204	--
*167. LUYTON, 1604. Unlocated; cf. Eitner 6:257	(C:1211?)	1:604
*168. --, 1611. Unlocated	(Late)	1:605
169. K. HASSLER, 1598. Eitner 5:45; RISM 1598[2]; BUC 454; DMA 1:1120; Wolfenbüttel 589. Also listed as 474 below	C:1214	1:358, 1:1057
170. --, 1601. Eitner 5:45; RISM 1601[2]; DMA 1:332; Upsala 1601. Also listed as 475 below	C:1210	1:358, 1:1060
171. --, 1613 (not 1612). Eitner 5:45, suppl. 2:123; RISM 1613[1]; BUC 453; DMA 2:386; Wolffheim 2:1812. Also listed as 451 below	(Late)	1:358
172. ERBACH, 1600. Eitner 3:345. Also listed ad 348 below	C:1208	2:418
*173. --, 1601. Unlocated	--	--
174. --, 1604. Eitner 3:345	--	2:419
175. --, 1606. Eitner 3:345; BUC 318; Bucher Meltzer 5	C:1210	2:422
176. --, 1611. Eitner 3:345; BUC 318	(Late)	2:420
177. HOLLANDER, 1570. Title begins Newe teutsche... Liedlein: Eitner 5:189. Also listed as 963 below	C:1204	1:405
*178. KEIFFERER, 1612. Unlocated; cf. Eitner 5:333	(Late)	2:775
179. MERULO, 1578. Title begins Sacrarum cantionum: Eitner 6:447; Gaspari 2:460	C:1208	--
180. CLEMENS NON PAPA, 1569. Probably the three Recueils des fleurs: RISM 1569[9-11]; Goovaerts 192-94; BUC 877. See also 874 below	C:1204	(1:132b)
*181. STEPHANI, 1560. Unlocated; cf. Eitner 9:278	C:1211	--
*182. --, 1568. Unlocated	(C:1211?)	--
183. --. Harmoniae, 1568. Probably the Suavissimae et jucundissimae harmoniae of 1567, part 2, 1568: Eitner 3:278; RISM 1567[1], 1568[8]; DMA 1:721-22. Also listed as 453 below	C:1215	1:880
184. RORE, 1573. Printed in Louvain, not Venice: Eitner 8:306; Goovaerts 224; BUC 899	C:1211	--
185. --, 1570. Same as 114 above, q. v.	C:1205	--
*186. PHINOT, 1549. Unlocated; the two books of Mutetarum, first printed in Lyon in 1547-1548, are extant in Venetian reprints of 1552 and 1555; cf. Eitner 6:426-27	--	--
187. BODENSCHATZ, 1603. Eitner 2:80; RISM 1603[1]; BUC 118; DMA 2:384; Davidsson Impr 177	--	2:134

rum, 4. 5. 6. & 8. vocum, quæ partim Latinis partim Germanicis facris ac piis textibus ornatæ. ibid. 1587. in 4.

Cantiunculæ 20. Gallicæ 4. vocum. Argent. 1530. in 12.

Caroli Loyton Rodolphi II. Imp. Organiftæ felectifsimarum facrarum cantionum fex vocum. fafciculus primus. Pragæ. 1604. V. 1611.

Cafparis Hafleri facræ Symphoniæ diverforum excellentifs. autorum, quaternis, 5. 6. 7. 8. 10. 12. & 16. vocibus, tàm vivis, quàm inftrumentalibus accommodatæ. Norimb. 1598. fol. 1601. A. 1612. in 4.

Chriftiani Erbacheri modorum facrorum five cantionum. 4. 5. 6. 7. 8. & pluribus numeris compofitarum, libri duo, Auguftæ. 1600. A. fol. 1601. 1604. V. in 4.

Ejusdem modorum facrorum tripartitorum quinis vocibus concinnatorum, pars altera & tertia. Diling. 1606. V. in 4.

Ejusdem facrarum cantionum 4. & 5. vocibus factarum liber III. Auguftæ. 1611. V. in 4.

Chriftiani Holandi cantiones, 4. 5. 6. 7. & 8. vocum. Monachii. 1570.

Chriftiani Keifferi odæ foporiferæ ad infantulum Bethlehemiticum fopiendum, 4. vocibus æqualibus factæ. Auguftæ Vindel. 1612. V. in 4.

Claudii Merulæ à nativitate D. N. J. C. ufque' ad Calendas Augufti facrarum cantionum liber primus. Venetiis. 1578. in 4.

Clementis non Papæ cantiones Gallicæ. Lovanii. 1569.

Clementis Stephani cantiones facræ, 4. 5. 6. vocum. Norimb. 1560. 4. Aliæ quædam 4. vocum. ibid. 1568. Harmoniæ fuavifsimæ, 4. 5. 8. vocum. ibid. 1568. in 4.

Cypr. de Rore cantiones facræ 4. vocum. Ven. 1573. in 4.

Ejusdem Gallicarum cantionum libri quatuor. Lov. 1570.

Dominici Phinot modulationes. Venet. 1549.

Erhardi Bodenfchatz Florilegium felectifs. cantionum, præftantifs. noftræ ætatis autorum, 4. 5. 6. 7. & 8. vocum, in Gymnafio Portenfi ante & poft cibum fumptum ufitatarum. Lipf. 1603. A. in 4.   A a 2   Felicis

Felicis Zimmermanni facræ cantiones. Norimberg, 1580.

Ferdinandi di Lafsi cantiones facrę fuavifsimę,& omnium muficorum inftrumentorum harmoniæ per quàm accommodatę, aliâs nec vifę, nec unquam typis fubjectę. Græcii. 1588. in 4.

Ferdinandi Delas Infantus plura modulationum genera, Contrapuncta dicta, fupra excelfo Gregoriano cantu. Venetiis. 1570.

Ejusdem facrarum varii ftyli cantionum, tituli Spiritus fancti lib. II. 5. voc. ibid. 1579.

Floridi Zachardi cant. 5. 6. & 8. voc. Venet. 1565.

Francifci Gallicii facræ cantiones quinque & plurium vo. cum, tum inftrumentorum cuivis generi, tum vivæ voci aptifsimæ. Duaci. 1586. 1600. 4.

Francifci Jacobi & Pafcafi Caroli regnant fratrum germanorum novę cantiones facrę, 4. 5. & 8. voc. Duac. 1600. A. in 4.

Francifci Stivari facrarum cantionum 5. voc. lib. 1. Venetiis. 1587. in 4.

Friderici Lindneri gemma muficalis: felectifs. varii ftyli cantiones, 4. 5. 6. & plurium vocum continentes libri tres. Norib. 1588. 1590. in 4.

Galli Dresleri XVII. cantiones facræ 4. & 5. vocum. His accefere tres alię cantiones ab eodem compofitę. Witeb. 1568. 4. Decem & novem cantiones, 4. & 5. vocum. Mageeb. 1569. 4. Opus felectifs. facrarum cantionum, 4. 5. & plurium voc. Norimb. 1574. in 4.

Georgii Aichingeri facrę cantiones 4. 5. 6. 8. & 10. vocum. Venetiis. 1590. 4.

Ejusdem lib. II. facrarum cantionum, 4. 5. 6. vocum, cum Mifa & Magnificat, nec non Dialogis aliquot, 8. & 10. vocum. ibid. 1595. in 4.

Georgii Corberi Tyrocinium muficum. Norib. 3589. in 8. Difticha moralia ad duas voces. Item facræ cantiones, 4. voc. fugis concinnatæ. ibid. 1541.

Georgii

188. ZIMMERMANN, 1580. Title begins <u>Schöne</u> <u>geistliche Lieder</u>: Eitner 10:352; Zahn 232. Also listed as 1031 below	C:1212	(1:1033)
189. F. LASSUS, 1588. Eitner 6:59; DMA 1:576; Upsala 114	C:1210	1:522
190. DE LAS INFANTAS, 1579 (not 1570). Extant only in Dr. Pepusch's transcript: cf. Eitner 5:244	C:1213	1:211
191. --, 1578 (not 1579). Eitner 5:244; BUC 596	(C:1210)	1:212
*192. ZACHARDI, 1565. Unlocated; cf. Eitner 10:318. Also listed as 562 below, dated 1591 there. (Also 1591 in Draudius)	C:1206	--
193. GALLET, 1586. Eitner 4:130; Upsala 77. Also listed as 712 below	C:1215	1:230
*194. --, 1600. Unlocated. Also listed as 713 below	C:1210	1:230
*195. REGNART, 1600. Unlocated; for 1590 edition see RISM 1590[10]	--	1:790
*196. STIVORI, 1587. Unlocated; cf. Eitner 9:291	C:1211	--
197. LINDNER, 1588. Eitner 6:180; RISM 1588[21]; BUC 620; DMA 1:327; Upsala 1588b. Also listed as 799 below	C:1217	1:562
198. --. [Lib. 2, 1589; Lib. 3], 1590. Eitner 6:180; RISM 1589[8]; BUC 620; Upsala 1589; DMA 1:328-29; Brown 1589[5]; Sartori 1589a. Also listed as 800-801 below	C:1210	1:563
199. DRESSLER, 1565 (not 1568). Eitner 3:252; DMA 1:41	C:1209	1:173
200. --, 1569. Eitner 3:252; DMA 1:43	C:1204, C:1209	1:174
201. --, 1574. Eitner 3:253; Davidsson Impr 151	C:1209	1:177
202. AICHINGER, 1590. Eitner 1:68; BUC 12; Vogel 2	C:1208	1:1
203. --, 1595. Eitner 1:68; Brown 1595[1]	C:1208	1:2
204. KÖRBER, 1589. Same as 24 above, q. v.	--	1:144
*205. --, 1541. Unlocated; cf. Eitner 5:407, 8:304. Göhler gives date as 1590. Also listed as 771 and 869 below	C:1223	1:143

206. LANGE, 1580. Eitner 6:41 (Presumably the 5-6 voice settings only)	C:1205	1:435
207. --, Nürnberg: 1584. Eitner 6:42 (Presumably Liber 2 of the above, with 4-8 voice settings)	C:1205	1:436
208. --, Breslau: 1584. Eitner 6:42 (Although Liber 2 was published by Wolcken in Breslau, the 3 voice Newe deudsche Lieder better fits this citation.) See also 1104 and 1125 below	C:1205	1:437
209. G. OTTO, 1588. Title begins Geistliche deutsche Gesenge: Eitner 7:260; Zahn 274	C:1207	1:684
210. SCHWAIGER, 1572. BUC 935	C:1211	1:865
211. --, 1579. Eitner 9:104; BUC 935	C:1211	1:866
212. THYMUS, 1552 (not 1553). Title begins Hymni aliquot veterum, with music by M. Agricola and Schalreuter: Eitner 1:61; Zahn 108	C:1205	--
213. WEBER, 1596. Two works, probably the same as 970 and 1063 below, q.v.	C:1212	1:1002
214. SCHNITZKE, 1607. Eitner 9:56; Samecka 192	C:1211	2:1366
215. ADRIAENSEN (i.e., Emanuelis), 1584 (not 1585). Eitner 1:44; RISM 1584^{12}; Goovaerts 283; Brown 1584$_6$. Also listed as 911 below; see also 355 below	--	1:305
216. BELLI, 1585. Eitner 1:424; Gaspari 2:379	(C:1208)	--
217. VECCHI, 1598. Eitner 10:42; BUC 1035; Vogel 8; Wolfenbüttel 481	C:1206, C:1221	1:952
218. WERT, 1583. Eitner 10:237; BUC 1069	C:1212	1:1006
*219. ARCHADELT, 1572. Probably his L'Excellence des chansons. Unlocated; cf. Eitner 1:185	C:1204	1:38
220. --, 1586 (not 1589). Eitner 1:185	(C:1204)	(1:38)
221. BROUCK, 1579. Eitner 2:205; Goovaerts 255; Stellfeld 3; Huys 411	C:1212	1:73
*222. CLEMENS NON PAPA, 1567. A problem. No edition of the 7th book of Cantionum sacrarum is known after 1558; none of the Chansons a 4 parties is known before 1570. Cf. RISM 1570^8 and 1558^6. The former is for 5-6 voices; and neither names Clemens non Papa in the title. Also listed as 572 below	C:1209	(cf. 1:1270-4)
*223. FLORIUS, 1573. Unlocated; for 1599 edition see Eitner 4:8	(C:1234)	1:221
224. KERLE, 1572 (not 1582). Eitner 5:353	C:1210	1:423
225. --, 1571. Eitner 5:353; BUC 569; DMA 1:569 (cf. 1:1820); Davidsson Impr 267; Upsala 105. Cf. 574 below	C:1210	1:422
*226. --, 1570. Possibly the unlocated Petrarch settings	C:1205, C:1210	1:421(?)
227. MEILAND, 1573. Eitner 6:424; BUC 668; Upsala 149	C:1211	1:639
228. --, 1575. Eitner 6:424; BUC 668; DMA 1:151; Upsala 150	--	1:640
229. --, 1569. Title begins Newe ausserlesene ... Liedlein: Eitner 6:424; DMA 1:150; Upsala 347	--	1:640

Georgii Langii cantiones, 3. 4. 5. & 6. vocum. Francofur. March. *1580.* Norib. *1584.* Uratislav. *1584.* Latinè & Germanicè.

Georgii Othonis cantiones facræ. Erphord. *1588.* 4.

Georgii Schweigeri moduli facræ. Monachii. *1572.* Ejusd. fasciculus sacrarum cantionum 5. voc. ibid. *1579.* 4.

Georgii Thymi cantiones, cum melodiis Agricolæ & Pauli Schalenreutteri. Zvickaviæ. *1553.*

Georgii Weberi facræ cantiones 4. & 6. voc. Mülhusii. Germ. Ejusd. cantiones facræ 8. voc. ad duos choros. *1596.*

Gregorii Schnitzky Dantiscani facræ cantiones, 4. 5. 6. 7. 8. 10. & 12. vocum. Dantisci. 1607. A. 4.

Hadriani Emanuelis pratum muficum, varia fimul nova omnis generis tripudia complectens. Aut. *1585.* f.

Hieronymi Belli facræ cantiones, 6. voc. concinendæ. Venetiis. *1585.* in 4.

Horatii Vechi convivium muficale, ternis, 4. 5. 6. 7. & 8. vocibus. Norimb. *1598.* 4.

Jaches Wert modulationum facrarum 5. & 6. vocnm libri tres, in unum volumen redacti. Norimb. *1583.* in 4.

Jacobi Archadet excellentes cantiones. Lugduni. *1572.* *1589.* Gall. in 4.

Jacobi de Brougk cantiones tùm facræ tùm profanæ, 5. 6. & 8. voc. Ant. *1579.* 4.

Jacobi Clementis non Papæ libri VII. cantionum facrarum 4. voc. Lovanii. *1567.* 4.

Jacobi Floris cantiones facræ & prophanæ trium vocum. ibid. *1573.* 4.

Jacobi de Kerle moduli facri 5. & 6. voc. Monach. *1582.* 4.

Ejusdem cantiones quædam facræ selectæ 5. & 6. vocum. Norimb. *1571.* 4.

Ejusdem Italica carmina muficis modulis ornata. Venet. *1570.* in 4.

Jacobi Meilandi cantiones facræ 5. & 6. vocum. Norib. *1573* 4. & aliæ Ln. & Germ. vocum. Francof. *1575.* 4. Norimb. *1569.* 4.

Can-

Cantiones Cygneæ Ln. & German. 5. & 6. vocum. Witebergæ. 1590. in 4.

Jacobi Paix selectæ, & artificiosæ & elegantes Fugæ, 2. 3. 4. & plurium vocum, partim ex veteribus & recentibus muficis collectæ, partim compofitæ. Lavingæ. 1587. 1590. 1594. in 4. Liber Fugarum, cum notis & literis fibi invicem refpondentibus: in quo elegantifsimæ & artificiofifsimæ omnis generis Fugæ, à clarifsimis muficis compofitæ, ad ordinem 12. modorum Glariani accommodatæ continentur. Ibid. 1588. in 4.

Jacobi Reineri felectæ piæque cantiones, 6. 7. 8. & 10. vocum. Monachii. 1591. in 4.

Ejusdem 5. & 6. vocum. ibid. 1579. 4. Cantiones facræ ad æquales 4. vocum, hactenus nunquam editæ, quæ cùm vivæ voci, tum omnis generis inftrumentis muficis applicari poffunt. ibid. 1600. A. in 8.

Joachimi à Burck facrarum cantionum planè novarum. ex V. & N. Teftament. compofitarum, Tomus I. & II. Norimb. 1573. in 4.

Ejusdem decades quatuor fententioforum verfuum celebrium virorum Germaniæ, muficis harmoniis accommodatæ. 1567. 8. Symbolum Apoftolicum, Nicænum, canticum Ambrofii & Auguftini, ac verba inftitutionis cœnæ Dominicæ, 4. vocum harmoniis reddita. Mülhufii, 1569. in 4.

Joachimi Marci Pomerani mufici operis novi facrarum. cantionum, 5. 6. 7. 8. 9. & plurium vocum, tàm vivæ voci, quàm inftrumentis muficis aptarum fafciculus primus & fecundus. Stetini. 1608. V. in 4.

Joachimi von den Hoven delitiæ muficæ, five cantiones, è quàmplurimis præftantifs. noftri ævi muficorum libris felecti, ad Teftudinis ufum accommodatæ. Lugduni. Bat. 1612. V. in fol.

Joannis de Caftro facrarum cantionum 5. & 8. vocum, tàm viva voce, quàm inftrumentis cantatu commodifsimarum, liber unus. Lovanii. 1571. 1603. A.

Cantiones aliquot facræ trium vocum, quæ tum viva voce, tum omnis generis inftrumentis cantatu accommodatifsimæ. ibid. 1575. Colon. 1593. 4.   Flores

230.	MEILAND, 1590. Eitner 6:424; DMA 1:614	C:1205	1:645
*231.	PAIX, 1587. Unlocated; cf. Brown 1587$_7$. See also 580 below	--	1:689
232.	--, 1590. Eitner 7:293; RISM 1590^{30}; Brown 1590$_6$	--	1:689
233.	--, 1594. Eitner 7:293; RISM 1594^3; Brown 1594$_{10}$	--	1:689
*234.	--, 1588. Unlocated; cf. Eitner 7:293	C:1214	1:690
235.	REINER, 1591. Eitner 8:179	(C:1205)	1:795
236.	--, 1579. Eitner 8:179; BUC 884; DMA 1:653	C:1211	1:791
237.	--, 1600. Possibly the Liber mottetarum: Eitner 8:179; BUC 844. See also 584 below, however	C:1211	1:799
238.	BURCK, 1573. Eitner 2:238; BUC 142; DMA 1:25; Wolfenbüttel 41	C:1209	1:82
239.	--, 1567. Eitner 2:238. Also listed as 774 below	--	1:75
240.	--, 1569. Eitner 2:238; DMA 1:23	C:1212	1:77
241.	MARCUS, 1608. Eitner 6:320	C:1211	2:912
242.	HOVE, 1612. Eitner 5:213	(Late)	2:744
243.	CASTRO, 1571. Eitner 2:363, suppl. 3:184; Upsala 37	(C:1209)	1:108
*244.	--, 1603. Unlocated	--	1:108
245.	--, 1574 (not 1575). Title begins Triciniorum sacrorum: Eitner 2:363; Goovaerts 228; BUC 171. Also listed as 884 below	(C:1204?)	1:111
246.	--, 1593. Eitner 2:363. Title as cited	(C:1209?)	1:125

247.	FLORES, 1574. Probably <u>La fleur des chansons</u> a 3 parties: RISM 1574³; Thibault-Perceau 65	C:1204	1:221
248.	CLEVE, 1579 (not 1580). Eitner 2:471; BUC 200	C:1209	1:133
249.	CONTINO, 1560 (not 1565). Title is <u>Modulationum</u>: Eitner 3:38; BUC 212; Wolffheim 2:1743	C:1204	1:137
250.	--. <u>Liber 2</u> (also 1560). Title is also <u>Modulationum</u>: Eitner 3:38; BUC 212; Gaspari 2:407; Wolffheim 2:1742	C:1204	1:138
*251.	DOMINICO, 1566. Unlocated; cf. Eitner 3:226	C:1209	--
252.	ECCARD, 1574. Probably the <u>20 newe christliche Gesäng</u>: Eitner suppl. 1:355; DMA 1:982	C:1210	1:182
253.	LEFEBVRE, 1607. Eitner 6:109; DMA 1:56	C:1210	1:550
254.	FERRETTI, 1567. Probably the 1568 <u>Canzone alla Napolitana</u> (which are secular): Eitner 3:428; Gaspari 3:227; Vogel 7	C:1204	--
*255.	FAVEREO, 1606. Unlocated; cf. Eitner 3:399	C:1209	1:207
256.	FELDMAYR, 1611. Printed in Dilingen, not Augsburg: Eitner 3:407; Bucher <u>Hänlin</u> 2	(Late)	2:460
257.	FRANCK (Melchior, not Johann), 1601. Eitner 4:54; BUC 348. Also listed as 289 below	C:1210	2:539
258.	CHUSTROVIUS, 1603. Eitner 2:438. See also 587 below	(C:1210)	2:273
259.	KNÖFEL, 1571. Eitner 5:394; BUC 574; DMA 1:99; Davidsson Impr 270; Upsala 109	(C:1205)	1:429
260.	--, 1580. Eitner 5:394; BUC 574; Wolfenbüttel 225	C:1210	1:431
261.	HASSLER, 1601. Printed in Augsburg, not Nuremberg: Eitner 5:44; BUC 454; DMA 1:93; Upsala 93	(C:1210)	1:351
262.	--, 1612. Eitner 5:44	(Late)	1:352
262a.	--, 1591. Eitner 5:43; Wolfenbüttel 182	C:1210	--
263.	--, 1597 (not 1596). Printed in Nuremberg: Eitner 5:43; BUC 453; DMA 1:90; Wolfenbüttel 183. Also listed as 413 below	C:1210	1:339
264.	--, 1590. Title begins <u>Canzonette</u>: Eitner 5:43; BUC 453; DMA 1:554; Vogel 2	C:1204	1:337
265.	MEYER, 1596. Eitner 6:399; DMA 1:1452	--	1:637
266.	MÜNNICH, 1611. Eitner suppl. 2:205; BUC 715	(Late)	2:989
*267.	NUCIUS, 1609. Unlocated	--	2:1023
268.	--. <u>Liber 1</u>, 1609 (not 1611). Eitner 7:218; DMA 1:156	--	2:1025
269.	--. <u>Liber 2</u>, 1609 (not 1611). Eitner 7:218	--	2:1024

Flores cantionum trium. Lovanii. 1574. Gall.

Joannis de Cleve cantiones feu Harmoniæ facræ, 4. 5. 7. 8. & 10. voc. Auguft. 1580. 24.

Joannis Contini cantiones fex vocum. Venetiis. 1565. in 4.

Ejusdem cantionum libri duo quinq; vocum. ib. 1565. in 4.

Joannis Dominici cantiones facræ 5. voc. ibid. 1566 in 4.

Joannis Eccardi cantiones facræ XX. Hemboldi. 4. 5. & plur. voc. Mülhufii. 1574.

Joannis de Febure fafciculus facrarum cantionum, 6. 7. 8. & 12. voc. Froncof. 1607. A. 4.

Joannis Ferreti cantiones quinque vocum. Venet. 1567.

Joannis Fauerii cantiones 4. & 5. vocum, ad quæcunque inftrumenta accommodatæ. Golon. 1606. V. in 4.

Joannis Feldmayr fcintillæ animæ amantis Deum in modulos 4. voc. redactæ. Auguft. Vindel. 1611. V. in 4.

Joannis Franci Silefii facrarum melodiarum cantiones, 5. 6. & 8. voc. Auguft. Vindel. 1601. A. in 4.

Joannis Guftrovii cantes facræ, 5. 6. & 8. vocum, tàm ad vivam, quàm ad omnis generis inftrumenta accommodatæ. Francof. 1603. V. 4.

Joannis Knefelii dulcifsimæ quędam cantiones numero XXXII. 5. 6. 7. vocum, ita factę, ut tàm humanę voci, quàm muficis inftrumentis aptę effe poffint. Norib. 1571. in 4.

Ejusdem cantiones piæ, 6. & 5. voc. ibid. 1580. in 4.

Joannis Leonis Hasleri facri concentus, 4. 5. 6. 7. 8. 9. 10. & 12. voc. Editio nova, Norib. 1601. A. 1612. V. in 4.

Ejusdem cantiones facrę, 5. 6. 7. 8. & plurium vocum. Auguftę. 1591. 1596.

Ejusdem cantiones 4. vocum. Norib. 1590. in 4.

Joannis Mayeri cantiones facrę trium vocum. Mon. 1596.

Joannis Municis facrarum cantionum, 4. 5. 6. 8. vocum. lib. I. Argent. 1611. A. in 4.

Joannis Nucii cantionum facrarum 4. 5. 6. 7. & 8. vocib. conftantium, Tomi tres. Lignicii. 1609. V. in 4. Ejusdem cantionum facr. 5. & 6. vocum, liber I, 1611. V. Ejusd. l. II. diverfarum vocum. Lipf. 1611. V.

Joannis

Joannis Pinelli Itali Canciones , 8. 10. & 15. vocum. Bresdæ. 1584. fol.

Joannis Rasch cantiones sacræ 4. & plurium vocum. Monachii. 1572. Joannis Pulchri cantiones sacrę & prophanę XX. 4. voc. Monach. 1575.

Joannis Steurlini XX. cant. sacrę 4. 5. & 6. vocum. Norimberg. 1578. in 4.

Ejusdem cantiones 4. & 5. vocum Latinè & Germanicè. Witeb. 1571.

Joannis Turnhaut sacrę cantiones 5. & 6. vocum. Duaci. 1600. A. in 4.

Joannis Wanningii sacrę cantiones 4. 5. 6. 7. & 8. vocum. Norimb. 1580. in 8.

Josephi Biffidi cantiones sex vocum Ital. & Ln. ibidem. 1596. in 4.

Josephi Zarlini modulationes sex vocum. Venetiis, 1566. in 4.

Leonhardi Lechneri sacrarum cantionum 5. & 6. voc. lib. II. Norimb. 1581. 4.

Ejusdem Harmonię miscellę cantionum sacrarum, 5 & 6. voc. ibid. 1583. 4.

Ludovici Helmboldi XX. Odę sacrę suavibus harmoniis ad imitationem Italicarum Villanescarum ornatæ, studio Joachimi à Burck. Erphordiæ. 1572. 8. liber II. Mülhusii. 1578. in 8.

Marci Antonii Ingigneri sacrarum cant. 5. voc. lib. 1. Venet. 1576. in 4.

Marci Antonii Pordeneri sacrę cant. 4. voc. ibid. 1592.

Martini Agricolę molodię scholasticę sub horarum intervallis decantandæ. Magd. 1612. V. in 8.

Maturini Corderii cantiones Gall. apud Joan. Gerardum. 1557. 16.

Matthiæ Ferrabesci cantiones 4. voc. Ital. Venet. 1591.

Mauri Panhormitæ sacrarum cantionum, quæ octo, tum vocibus, tum variis instrumentis chorisque conjunctis ac separatis concini possunt. Lib. 1. Venet. 1590. in 4.

Mel-

270.	PINELLO, 1584. Probably the <u>Nawe kurtzweilige</u> <u>... Lieder</u> (oblong 4° partbooks, however): Eitner 7:452. Cf. also 809 and 1186 below	C:1205	1:747
271.	RASCH, 1572. For possibilities see Eitner 8:130	C:1211	1:766
272.	PÜHLER, 1585 (not 1575). Title begins <u>Schöner</u> <u>ausserlessner</u> ... <u>Lieder:</u> Eitner 8:81; RISM 1585[37]; BUC 853; DMA 1:325. Also listed as 985 below	(C:1212)	1:761
273.	STEURLEIN, 1578. For his <u>XXIII. Cantiones</u> <u>sacrae</u> see Eitner 9:284	C:1211	1:895
274.	--, 1571. Unlocated. Also listed as 989 and 1157 below	C:1205	1:888
275.	TURNHOUT, 1600. Only 1594 edition is extant: cf. Eitner 9:477	C:1212	1:934
276.	WANNINGUS, 1580. Eitner 10:179; BUC 1056; Davidsson Impr 527; Wolffheim 2:2025	C:1212	1:998
277.	BIFFI, 1596. Eitner 2:40; Vogel 1	C:1204	1:63
278.	ZARLINO, 1566. Eitner 10:332	C:1206	1:1026
279.	LECHNER, 1581. Eitner 6:99; BUC 605; DMA 1:606; Upsala 132	C:1210	1:542
280.	--, 1583. Eitner 6:99; RISM 1583[2]; BUC 605; DMA 1:733; Davidsson Impr 250	C:1210	1:544
281.	BURCK (i. e., Helmbold), 1572. Eitner 2:238	C:1229	1:78
282.	--, 1578. Eitner 2:239; DMA 1:1393	C:1229	1:79
283.	INGEGNERI, 1586 (not 1576). Eitner 5:245; BUC 544	C:1210	--
*284.	PORDENON, 1592. Unlocated; cf. Eitner 8:19	C:1211	--
*285.	M. AGRICOLA, 1612. Unlocated; for earlier editions see Eitner 1:61	(Late)	2:10
*286.	CORDERIUS, 1557. Unlocated; cf. Eitner 3:49	(C:1209)	--
*287.	FERRABOSCO, 1591. Unlocated; cf. Eitner 3:417	E:206	1:214
*288.	PANORMITANO, 1590. Unlocated; cf. Eitner 7:310	(C:1211)	--

289.	FRANCK, Tomus 1, 1601. Eitner 4:54; BUC 348. Also listed as 257 above under Johann Franck	C:1210	2:485
290.	--, Tomus 2, (1604). Printed by Hauck in Coburg: Eitner 4:54	--	2:486
291.	--, Tomus 3, 1604. Eitner 4:54; Upsala 73	C:1210	2:487
292.	--, Tomus 4, 1607 (not 1606). Eitner 4:54	--	2:489
293.	SCHRAMM, 1576 (not 1572). Printed in Nuremberg, not Frankfurt: Eitner 9:68; BUC 932; DMA 1:667	C:1211	1:857
294.	--, 1579. Presumably the Neuwe auszerlesene ... Gesäng: Eitner 9:68; DMA 1:668. Also listed as 1168 below	C:1211	1:858
295.	VULPIUS, 1603. Pars 2 only: Eitner 10:142; BUC 1051; Wolfenbüttel 497	(C:1212?)	2:1617
296.	--, 1610. Pars 2 only: Eitner 10:42; DMA 1:268; Wolfenbüttel 501	C:1212	2:1618
297.	BUISSONS (i.e., Carle), 1573. Eitner 2:232; BUC 266; DMA 1:528; Davidsson Impr 67	C:1204	1:167
298.	HERRER, Liber 1, 1606 (not 1607). Printed in Passau by Nenninger: Eitner 5:125; RISM 1606[6]	C:1221	2:706
299.	--, Liber 2, 1609. Printed in Munich by Adam Berg: Eitner 5:125; RISM 1609[14]	C:1221	2:707
300.	--, Liber 3, 1609. Printed in Munich by Adam Berg: Eitner 5:125; RISM 1609[15]	C:1221	2:708
301.	PRAETORIUS, 1611. Printed in Wolfenbüttel, not Hamburg: Eitner 8:47; BUC 806; DMA 1:174; Huys 349/4	(Late)	2:1133
302.	TONSOR, 1573. Eitner 1:359, 9:428; BUC 1016; DMA 1:255; Wolfenbüttel 468; Wolffheim 2:433	C:1211	1:926
*303.	VAROTTO, 1568. Unlocated; cf. Eitner 10:37. Also listed as 423 below. Cf. also 719 below	C:1212	1:943
*304.	GOMBERT, 1564. Unlocated; cf. Eitner 4:302	C:1210	--
*305.	PARMA, 1586. Completely unidentified; cf. Eitner 7:320	C:1211	--
*306.	ZANGIUS, 1596. Unlocated; cf. Eitner 10:326	--	1:1017
307.	LASSUS, 1601. Same as 133 above, q.v.	C:1210	--
308.	Orfeo VECCHI, 1603. Eitner 10:44; Huys 426	C:1212	2:1581
309.	--, 1608. Eitner 10:44; Goovaerts 435	C:1212	2:1582
310.	[HARNISCH], Otto Siegfried, 1592. Eitner 5:24	(C:1205), C:1204	1:332

Melchioris Franci Silesii sacrarum melodiarum, 4. 5. 6. 7. & 8. vocum Tomus I. Augustæ. 1601. A in 4. Tomus II. 4 5. 6. 7. 8. 9. 10. 11. & 12. vocum, ibid. 1604. V. Tomus III. 3. & 4 voc. 1604. A. in 4. Coburgi. Tomus IV. 5. 6. 7. 8. 9. 10. 11 12. vocum. Ibidem, 1606. V. in 4.

Melch. Schrammii cantiones sacræ 5. & 6. vocum. Norib. 1572. Cantiones Germanicæ 4. vocum. Francof. 1579 in 4.

Melch. Vulpii selectiss. cantionum sacrarum 6. 7. 8. & plurium vocum pars I. & II Jenæ, 1603. V. 1610. V. in 4.

Michaelis Carle cantiones aliquot Musicæ, 4. 5. & 6. voc. Monachii. 1573 in 4.

Michaelis Hererii Hortus Musicalis latinos fructus mira suavitate 5. & 6. vocibus côcinendos piè & artificiose parturiens. Augustæ, 1607. V. in 4. lib. II. ibid 1609. V. lib. III. 5. 6. 7. 8. & plur. voc. ibid. 1609. A. in 4.

Mich. Prætorii Eulogodia Siqnja, continens cantiones sacras in Ecclesia conclusionis loco ad dimissionem usitatas per Harmoniam, 2. 3. 4. 5. 6. & 8. vocibus concinnatas. Hamburgi. 1611. A. in. 4.

Mich. Tonsoris sacræ cantiones planæ novæ, 4. 5. & plur. vocum, ita compositæ ut ad omnis generis instrumenta accomodari possint. Norimb. 1573. 4.

Mich. Varoti sacræ cantiones 5. voc. Venet. 1568. in 4.

Nicolai Gomberti cantiones sacræ 5. vocum, lib, I. & II. Ibid, 1564. in 4

Nicolai Permæ cantiones sacræ 5. 6. 7. 8. 9. & 10. vocum. lib II. ibid. 1586. in 4.

Nicolai Zangii Quotlibeta quinque voc. Coloniæ 1596.

Orlandi di Lasso & hujus fiilii Rodolphi cantiones sacræ 6. vocum. Monachii, 1601. in 4.

Orphei Vecchii cantiones sacræ 6. vocum, Ant. 1603. A. 4.

Ejusdem cantiones sacræ quinque vocum, ibid. 1608. V. 4.

Othonis Sigfridi fasciculus selectiss. cantionum 5. 6. & plurium vocum Helmstadii, 1592. in 4.

B b   Ejusdem

Ejusdem Cantiones selectæ Germ. 4. & 5. vocum. ibidem. 1588. & 1591.

Parthenia sive Virginitas protomusices primùm impressæ & clave cymbalis aptatæ, compositæ à tribus nobilissimis Magistris, Guilielmo Byrdo, D. Joanne Bullo & Orlando Gibbono, complectens lectiones XXI. Londini, 1613. V. fol.

Pauli Schedii Cantiones 4. & 5. voc. Witeb. 1566. in 4.

Petri Aloysii Cantiones sacræ quinque vocum. Coloniæ. 1604. A. in 4.

Petri Nitschii Cantiones sacræ 4. vocum, Ln. & German. Lips. 1573. in 4.

Petri Rinnonti Cantiones sacræ, 4. 5. 6. & 7. vocum, & Hieremiæ Prophetæ lamentationes, sex vocum. Antverpiæ. 1607. A. in 4.

Philippi Avenarii Cantiones sacræ 5. vocum, accommodatæ ad omnes usus. Norimb. 1572. in 4.

Philippi de Monte sacratum Cantionum lib. I. II. III. IV. & V. Venet. 1579.

Ejusdem Cantiones Gallicæ, 5. 6. & 7. voc. ibid. 1575.

Philippi Dulichii Chem. Pædagog. Stetin. Musici, prima pars Centuriæ 7. & 8. vocum harmonias sacras laudibus sanctissimæ Triados consecratas continentis. Lips. 1608. in 4. Pars secunda. Dantisc. 1610. A. in 4.

Piati Mulgræi Cantiones sacræ, 4. 5. 6. & 8. vocum. Ant. 1603. A. in 4.

Renati de Melle sacræ Cantiones, 5. 6. 7. 8. & 12. vocum. Ant. 1589. in 4.

Rodolphi de Lasso cantiones selectæ 4. vocum. Monach. 1606. V. in 4.

Sebastiani Ertelii Benedictini Symphoniæ sacræ ad Dei Divorumque in Ecclesia, quâ instrumentis, quâ vivis hominum vocibus decantandas accommodatæ, quibus sexta vox initium, decima verò finem dabit. Monach. 1611. A. 4.

Sebastiani Hasenknopffii sacræ Cantiones, 5. 6. 8. & plurium vocum, tum viva voce, tum omnis generis instrumentis cantatu commodissimæ. ibid. 1588. 4.   Sebast.

311. [HARNISCH], 1588. Probably the <u>Newe auserlesne</u>   --   1:331(?)
     ... <u>Lieder</u>: Eitner 5:24; BUC 449. See also
     1169 below
312. --, 1591. Probably the <u>Newe lustige</u> ... <u>Liedlein</u>:   G:560   1:329(?)
     Eitner 5:24; BUC 449. See also 1127 below
313. PARTHENIA, 1613. STC 4252, also 11827; RISM   (Late)   1:90
     1613[14]; BUC 763
314. SCHEDIUS, 1566. Possibly the <u>Historia de</u>   C:1205   1:850
     <u>navicula</u>: Eitner 8:472
*315. PALESTRINA, 1604. Unlocated; cf. Eitner 7:298ff.   (C:1209?)   1:701
*316. NITSCH, 1573. Unlocated; cf. Eitner 7:205   C:1211   1:680
317. RIMONTE, 1607. Eitner 8:239   C:1211   2:1236
318. AVENARIUS, 1572. Eitner 1:246; DMA 1:506   (C:1209)   1:41
319. MONTE, 1579. (<u>Liber 1</u>, 1572; <u>Liber 2</u>, 1573;   C:1211   (1:655)
     <u>Liber 3</u>, 1574; <u>Liber 4</u>, 1575; <u>Liber 5</u>, 1579):
     Eitner 7:37; BUC 687; Gaspari 2:466
320. --, 1575. Title begins <u>Chansons, odes, et sonets</u>   C:1205   --
     <u>de Pierre Ronsard</u> ... <u>livre 2</u>: Eitner 7:37;
     Thibault-Perceau 71. Printed by Phalèse in
     Louvain
321. DULICH, 1608. (<u>Pars 1</u>, 1607; <u>Pars 2</u>, 1608;   (C:1210)   2:396
     <u>Pars 3</u>, 1610): Eitner 3:269; BUC 296; DMA
     1:976-77; Davidsson Impr 154-56; Wolfenbüttel
     90. All printed in Stettin, not Danzig
322. --, 1610. See above   (C:1210)   2:397
323. MAULGRED, 1603. Eitner 6:393; Goovaerts 393   C:1205   2:922
324. MEL, 1589. Eitner 6:428; Goovaerts 299; Huys   C:1211   1:648
     80; Upsala 152
325. R. LASSUS, 1606. Eitner 6:68   C:1205   1:526
326. ERTEL, 1611. Eitner 3:352; RISM 1611[3]   (Late)   2:434
327. HASENKNOPF, 1588. Eitner 5:34; BUC 451   C:1210   1:336

328.	VREEDEMAN, 1569. Eitner 10:141; RISM 1569[37]; Goovaerts 195; Brown 1569[6]. Also listed as 929 below	C:1213	1:993a
329.	CORNET, 1581 (not 1582). Eitner 3:59; RISM 1581[1]; Stellfeld 5. Also listed as 644 below	C:1204	1:145-6
*330.	--, 1595. Unlocated; cf. Eitner 3:59. Also listed as 645 below	C:1204	1:146
331.	RICCIO, 1576. Eitner 8:213; Upsala 185. See also 648 below	C:1211	1:814
332.	VICTORIA, 1589 (not 1588). Eitner 10:78; BUC 1041; DMA 1:692; Davidsson Impr 518	C:1206	1:595a
*333.	--, 1590. Unlocated; see 1589 edition above	C:1206	1:595a
334.	TALLIS and BYRD, 1575 (not 1571). Eitner 9:347; STC 23266; Steele 67; BUC 994; RISM 1575[3]	C:1211	1:918
335.	MASSAINO, 1592. Eitner 6:371; BUC 660	C:1212	1:635
336.	--, 1580. Eitner 6:371; BUC 660	C:1211	--
337.	HAUSSMANN, 1602. Eitner 5:53; BUC 454; Davidsson Impr 255. Also listed as 655 below	C:1210	1:375
338.	SLEGELIUS, 1578. Eitner 9:187	C:1211	1:875
339.	FIGULUS, 1575. Eitner 3:443	C:1210	1:217

CANTIONES ECCLESIASTICAE

340.	GABRIELI, 1576. Eitner 4:112; BUC 356. Also listed as 400 below	C:1208	--
341.	REINHARD, 1604 (not 1605). Eitner 8:180; DMA 1:1357	C:1213	2:1224
342.	ANTIPHONARIUM, 1573. Goovaerts 225	C:1208	1:1042
*343.	--, 1608. Unlocated	C:1208	1:1071
344.	GESIUS, 1600. Eitner 4:215. Also listed as 707 below	C:1232	1:249

Sebaſt. Urcedmanni carminum, quæ cytharâ pulſantur, lib. II. in quo ſelectiſsima carmina, ut Paſſomeri, Guilliardes, &c. continentur. Lovanii. 1569. in 4.

Severini Corneti Cantiones. 5. 6. 7. & 8. vocum. Antverp. 1582. 1595. in 4.

Theodorici Ricci ſacræ Cantiones, 5. 6. & 8. vocum. Norimb. 1576. in 4.

Thomæ Ludovici à Victoria Cantiones 4. 5. 6. & 8. vocum. Diling. 1588. 1590. in 4.

Thomæ Talliſii & Guilielmi Byrdi Cantiones ſacræ, 5. & 6. partium. Londini. 1571. in 4.

Tiburti Maſſaini ſacri modulorum concentus, qui ſenis, 7. 8. 9. 10. ac 12. in duos tresve choros coaleſcentes, non minus inſtrum. quàm vocum hramoniâ ſuaviter concini poſſunt. Venet. 1592. Sacri cantus quinque paribus vocibus concinendi liber II. ibid. 1580. in 4.

Valentini Hauſmanni Manipulus ſacrarum Cantionum, 5. & 6. voc. Nor. 1602. A. 4.

Valentini Slegelii XII. Cantilenæ ex SS. ſcriptura ac muſicis numeris redditæ. Mülhuſii. 1578. in 4.

Wolffgangi Figuli Cantionum ſacrarum, 8. 6. 5. & 4. vocum, primi Tomi decas prima. Lipſ. 1575. in 4.

CANTIONES ECCLESI-
ASTICÆ.

Andreæ Gabrielis Eccleſiaſticarum Cantionum 4. vocum liber 1. Omnibus ſolennitatibus deſervientium. Ven. 1576 in 4.

Andreæ Reinhardi Monochordum. Lipſiæ. 1605. in 8.

Antiphonarium juxta Breviarium Romanum reſtitutum, & uſui chorali accommodatum. Ant. 1573. in f. reg.

Antiphona, Reſponſoria, Hymni & Introitus, pro Schola Cyrienſi. Curiæ. 1608 8.

Bartholomæi Geſii Pſalmodia choralis, continens Anti-

B b 2   phonas

phonas cum intonationibus, Pſalmos, Reſponſoria, Hymnos, Introitus & cœteras cantiones Miſſæ, quo ordine per totum anni curriculum decantari ſolent. Additis in fine Lamentationibus & aliis cantionibus, quæ veſperi in hebdomade Palmarum cantantur. Francof. March. 1600. A. 16 0. A. in 4.

Cæſaris de Zachariis Intonationes veſpertinarum precum, unà cum ſingulorum Tonorum Pſalmodiis quatuor voc: præterea Hymni 5. vocum de tempore per totum annum. Monachii, 1593.

Cantionum lib. XIII. 4. 5. 6. 7. 8. vocum. Sunt autem Motteti, Magnificat, Pſalmi Davidis, Paſſionum D. N. J. C. Salutationes ad divam virginem, Moduli. Pariſiis.

Chriſtiani Etbacheri Moduli ſacri ſive cantus Muſici, ad Eccleſiæ Catholicæ uſum, vocibus 4. 5. 6. 7. 8. & pluribus. Auguſtæ Vindel. 1600. in fol.

⸰ Collectarium Chorale ſecundum uſum fratrum Prædicatorum. Venet. 1567 in 4. & 8.

Conſtantini Portæ Muſica in introitus Miſſarum quæ in ſolennitatibus Sanctorum omnium toto anno celebrantur. ibid. 1566. in 4.

Ejusdem Muſica in introitus Miſſarum, quæ in diebus Dominicis toto anno celebrantur, quinque vocum. ibidem 1566 4.

Didaci Ortitz Hymni, Magnificat, Salve, Muteta, Pſalmi & alia diverſa cantica 4. vocum, magna forma & typis craſſioribus. ibid. 1565. fol.

Dominici Phinat Pſalmi 4. vocum cum duobus Magnificat. Ibid 1603. in 4.

Domitii Ramozzotti Pſalmi aliquot ad veſperas dierum feſtorum & ſolennium cantari ſoliti cũ uno Magnificat quinque vocum. Ibidem 1567. in 4.

Emanuelis Hadriani pratum Muſicum longè amœniſſimum. Ant. 1592. A. fol.

Flamminii Treſti Itali veſpertini concentus 6. voc. concinendi. Modiolani. 1590. 4.

Georgii Othonis Melodiæ continentes totius anni præcipuos 5. voc. compoſicos. Erph. 1574. 4.   Georgii

	Draudius	Göhler
345. GESIUS, 1610. Possibly the <u>Zehn tröstliche</u> <u>schöne Psalmen:</u> Eitner 4:215. Also listed as 708 below	--	--
346. ZACHARIA, 1594 (not 1593). Eitner 10:318; BUC 1099. Also listed as 659 below	--	1:1016
347. CANTIONUM LIBER XIII. Editions are extant from 1559, 1570, 1573, and 1578: see RISM 1559[13], 1570[10], 1573[10], 1578[9]; Lesure-Thibault <u>LeRoy-Ballard</u> 64, 143, 178, 223	C:1208	--
348. ERBACH, 1600. Same as 172 above, q. v.	C:1208	2:418
*349. COLLECTARIUM, 1567. Unlocated	C:1213	1:1037
350. PORTA. <u>Musica ... Sanctorum</u>, 1566. Gaspari 2:130. Also listed as 491 below	C:1222	--
351. --. <u>Musica ... Dominicis</u>, 1566. Eitner 8:26; Gaspari 2:130. Also listed as 490 below	C:1222	--
352. ORTIZ, 1565. Eitner 7:250; Gaspari 2:282. Also listed as 710 below	C:1215	1:681
353. PHINOT, 1563 (not 1603). Eitner 7:427. Also listed as 684 below	C:1232	1:743
*354. RAMAZZOTO, 1567. Unlocated; cf. Eitner 8:118. Also listed as 661 below	C:1236	1:764
*355. ADRIAENSEN, 1592. Unlocated; cf. Goovaerts 319; Brown 1592[5]. Cf. 215 above; for the <u>Novum</u> <u>pratum musicum</u> of 1592 see 911 below	--	1:305, 1:305a
356. TRESTI, 1590. Donà 86 (cf. Donà 83 and Eitner 9:449). Also listed as 662 below	C:1236	--
357. G. OTTO, 1574. Eitner 7:260; DMA 1:162	C:1208	1:683

358.	POSS, 1603. Printed by Widmannstätter in Graz: Eitner 8:35; 10:139	C:1221	2:1114
359.	VICTORINUS, 1596 (not 1595). Eitner 10:80; RISM 1596[2]. Also listed as 768 below	--	1:980
360.	AICHINGER, 1607. Eitner 1:68; Bucher Meltzer 20	C:1208	1:16
361.	--, 1603 (not 1602). Eitner 1:69, suppl. 1:833; Upsala 4. Also listed as 517 below	--	1:8
362.	GHIBEL, 1565. Eitner 4:225; Gaspari 2:80. Also listed as 499 below	C:1222	1:277
*363.	BELLI, 1586. Unlocated; cf. Eitner 1:424. Also listed as 664 below	C:1235	--
364.	COLOMBANI, 1585. BUC 205	C:1208	--
365.	MORO, 1613. Eitner 7:70; Goovaerts 470; Davidsson Impr 345; Sartori 1613g	(Late)	2:1586
366.	CONTINO, 1560 (not 1565). Eitner 3:38; Gaspari 2:60. Also listed as 412 and 715 below	--	1:141
367.	GASTOLDI, 1589. Eitner 4:169; BUC 363	C:1208	--
368.	KNÖFEL, 1575. Eitner 5:394; DMA 1:100; Davidsson Impr 271; Wolffheim 2:1831	C:1213	1:430

Georgii Poſs. Orpheus mixtus, vel concentus Muſici tàm ſacris quàm prophanis uſibus, tàm inſtrumentorum quàm viuis hominum vocibus concinnati. Auguſtæ. 1603. A.

Georgii Victorini Theſaurus Litaniarum, quæ ab excellentibus hac ætate Muſicis, tùm in laudem ſanctiſſimi nominis Jeſu, tum etiam in honorem Dei patris Mariæ virginis & Sanctorum Dei, 4. 5. 6. 7. 8. & 10. vocibus compoſitæ, ad communem Eccleſiarum uſum collectæ. Monachii, 1595. 4.

Gregorii Aichingeri cantiones Eccleſiaſticæ, 3. & 4. voc. cuivis cantorum ſorti accomodatæ, cum Baſſo generali & continuo. Dilingæ, 1607. 4.

Ejusdem Liturgica ſive ſacra officia, ad omnes dies feſtos magnæ Dei Matris per annum celebrari ſolitos, 4. voc. ad modos Muſicos facta. Auguſtæ. 1602.

Heliſæi Gibellini Introitus Miſſarum de feſtis per curſum anni 5. voc. Romæ. 1565. fol.

Hieronymi Belli Pſalmi ad veſperas cum Hymnis & Magnificat, qui poſſunt pari voce concini, ſi in ſubdiapaſon cantum moduleris. Venet. 1586. 4.

Horatii Columbani completorium & cantiones vulgò nuncupatæ. Falſi Bardoni ſex ordinibus diſtinctæ quinis vocibus ſuper octo tonos decantandæ. Brixiæ. 1585. in 8.

Jacobi Mori concenti Eccleſiaſtici, 1. 2. 3. & 4. vocum, cum Baſſo continuo ad organum. Antverpiæ 1613. A. in 4. apud Petrum Phaleſium.

Joannis Cantini Introitus & Halleluja, qui in feſtivitatibus ſolennibus per annum cantatur, 5. vocum Venet, 1565. in 4.

Joannis Jacobi Gaſtoldi completorium ad uſum Rom. Eccleſiæ perfectum, ſacræque illæ laudes quibus divinum terminatur officium. Venet. 1589. in 4.

Joannis Knefelii cantus choralis, Muſicis numeris quinque vocum incluſus eo ordine, quo totum anni curriculum præcipuis diebus feſtis in Eccleſia cantari ſolet. Norimb. 1575. in 4.

Lucæ

Lucæ Loſſii Pſalmodia , h. e. Cantica ſacra veteris Eccleſiæ ſelectæ, quo ordine & melodiis per totius anni curriculum cantari uſitatè ſolent in Templis , de Deo , de Filio ejus Jeſu Chriſto, de regno ipſius, doctrina , vita , paſſione , reſurrectione , aſcenſione & de Spiritu ſancto. Item de Sanctis & eorum in Chriſtum fide & cruce, Witeb. 1579. in 4.

D. Lucretii Quintiani muſica 4. vocum in Introitus Miſſarum. Francof. 1611. V.

Ludovici Balbi Cantiones Eccleſiaſticæ. Venet. 1578.

Ludovici Viadani Itali Concentuum Eccleſiaſticorum, 1. 2. 3. & 4. vocum , cum Baſſo continuo & generali Organo applicato , libri duo. Francof. 1609, V. 4.

Michaelis Lotheri Reſponſoria. Lipſ. 1521.

Michaelis Tonſoris Cantiones Eccleſiaſticæ , 4. & 5. voc. ex ſacris literis deſumptæ, quibus additi Pſalmi Davidis veſpertini. Monachii. 1590. in 4.

Muſicorum Excellentiſsimorum , qui ſacris cantionibus divina coadunarunt officia , Cantiones ſelectiſsimæ, ſingulisdiebus Dominicis , Feſtis ac Marialibus totius anni ita accommodatæ,ut pro ratione Feſtorum varietas etiam ac numerus ſacrarum creſcat & adaptetur. Opus à multis deſideratum. 1604. V.

Pauli Aretini Reſponſoria hebdomadæ ſanctæ ac natalis Domini , unà cum Benedicamus & Te Deum laudamus, 4. voc. Venet. 1567. in 4.

Pauli Ferrarii Paſſiones , Lamentationes , Reſponſoria , Benedictus , Miſerere , multaque alia devotiſsima Cantica , ad officium hebdomapæ ſacræ pertinentia 4. voc. ibid. 1565. in 4.

Vinceslai Nicolaidæ Cantiones Evangelicæ pro Eccleſiis Bohemicis. Witeb. 1554. in 8.

Wolffgangi Ammonii Franci libri tres Odar m Eccleſiaſticarum , in Eccleſiis Germanicis Auguſtanam Confeſſionem complectentibus. Lipſ. 1579. in 8.

Wolffgangi Figuli Hymni ſacri & ſcholaſtici cum melodiis & numeris muſicis collecti ſtudio M. Friderici Birck, ibid. 1592. in 8.

369.	LOSSIUS, 1579. Eitner 6:224; BUC 629; Davidsson Impr 313; Zahn 224. Also listed as 694 below	C:1207	1:593
*370.	QUINTIANI, 1611. Unlocated; cf. Eitner 8:105. Also listed as 518 below	(Late)	2:1204
371.	BALBI, 1578. Eitner 1:311; BUC 81; Gaspari 2:372	C:1208	--
372.	VIADANA, 1609. Eitner 10:73; BUC 1040; Sartori 1609c	C:1213	2:1589
*373.	RESPONSORIA, 1522. Unlocated. Michael Lotther is printer	C:1208	--
374.	TONSOR, 1590. Eitner 9:428; Upsala 227	C:1208	1:927
*375.	MUSICORUM . . . , 1604. Unlocated	--	1:1069
376.	PAOLO ARETINO, 1564 (not 1567). Eitner 7:311; Gaspari 2:161. Also listed as 430 below	--	1:715
377.	PAOLO FERRARESE, 1565. Eitner 7:312; Gaspari 2:286. Also listed as 441 below	C:1208	1:714
378.	NICOLAIDES, 1554. Eitner 7:197	C:1208	--
379.	W. AMMON, 1579. Eitner 1:130; BUC 26; Upsala 244. (Cf. Zahn 223)	C:1229	1:27
380.	FIGULUS, 1594 (not 1592). Eitner 3:443; Wolfenbüttel 749. Also listed as 724 below	C:1208	1:218

CANTIONES DOMINICALES

*381.	HOPPE, 1575. Unlocated; cf. Eitner 5:204	C:1207	--
382.	PEVERNAGE, 1602. Eitner 7:400	C:1207	1:725
383.	RASELIUS, 1595. Probably the work with title beginning Neue teutsche Sprüche: Eitner 8:130; Davidsson Impr 414. See DTB, Jg.29/30. Also listed as 1046 below. Cf. 1042 below (5 voices only)	C:1207	1:768
*384.	DEDEKIND, 1592. Unlocated; cf. Eitner 3:159	C:1206	1:165
385.	FLORILEGIUM, 1609. RISM 1609[1]; Goovaerts 437; BUC 340	C:1206	1:1074
386.	WEISSENSEE, 1603. Same as 84 above, q. v.	C:1208	2:1661
387.	G. OTTO, 1604 (not 1605). Eitner 7:260; BUC 749; DMA 1:163	C:1207	1:685
388.	REGNART, 1605. Eitner 8:156	C:1207	1:788
389.	WANNINGUS, 1584. Eitner 10:179	C:1207	1:999
390.	PAMINGER, Tomus 1, 1573 (not 1592). Eitner 7:306; RISM 1573[2]; DMA 1:636; Upsala 161	C:1208	1:712
391.	--, Tomus 2, 1573 (not 1574). Eitner 7:306; RISM 1573[3]; DMA 1:637	C:1208	--
392.	--, Tomus 3, 1576. Eitner 7:306; DMA 1:638	C:1208	1:713

CANTIONES DO-
MINICALES.

Adami Hoppii Cantiones Dierum Dominicalium & Feſtorum anni. Gorlicii. 1575.

Andreæ Peuernagis Cantiones ſacræ ad præcipua Eccleſiæ
Feſta & dies Dominicas totius anni directæ, 6. 7. & 8. vocibus
compoſitæ. Franc. 1602. A. 4.

Andreæ Raſſelii Cantiones ſacræ ex Feſtis Domin. & aliis
totius anni, 5. 6. 8. & 9. voc. Norimb. 1595. in 4.

Furicii Dedekindi periochæ breves Evangeliorum Dominicalium & Feſtorum præcipuorum 4. & 5. vocibus compoſitæ.
Ulyſſeæ. 1592. in 8.

Florilegium ſacrarum Cantionum quinque vocum pro
Diebus Dominicis & Feſtis totius anni, è celeberrimis noſtri tem-
poris muſicis. Ant. 1609. A. in 4.

Friderici Weiſſenſee Opus Melicum, planè novum, continens Harmonias ſelectiores, 4. 5. 6. 7. 8. 9. 10. & 12. vocum,
ſingulis Diebus Dominicis & Feſtis accommodatas, quæ tàm
viva voce, quàm Organis muſicis cantari poſſunt. Magdeburg.
1603. A. fol.

Georgii Othonis Opus muſicum novum, continens textus Evangelicos dierum Dominicalium & Feſtorum per totum
annum, 5. 6. & 8. vocibus compoſitum. Caſſellis. 1605. V. in 4.

Jacobi Regnardi ſacræ cantiones, 4. 5. 6. 7. 8. 10. & 12. vocum, pro certis quibusdam Dominicis Sanctorumque Feſtivitatibus, &c. Francof. 1605. V. in 4.

Joannis Wanningii ſententiæ inſigniores ex Evangeliis
Dominicalibus excerptæ ac muſicis modulis ornatæ, 5. 6. 7. voc.
Dresd. 1584. in 4.

Leonhardi Pammigeri Tom. I. Eccleſiaſticarum Cantio-
tionum, 4. 5. 6. & plurium vocum, à prima Dominica Adventus uſque ad Paſſionem Domini compoſitarum. Norimbergæ.
1572. in 4. Tomus II. à Paſſione uſque ad Dominicam Trinitatis.
ibidem, 1574. in 4. Tomus III. 4. 5. & 6. vocum, à prima Dominica Tri-

ca Trinitatis usque ad I. Dominicam Adventus Domini, cum quibusdam aliis fragmentis ex canticis Salomonis. Ibid. 1576 4.

Orlandi di Lasso magnum opus Musicum complectens cãtiones omnes tàm antea editas, quam hactenus nondum publicatas, collectum ab ejusdem filiis. Augustæ Vindelicorum. 1610. V. in folio.

Philippi Dulichii novum opus Musicum duarum partium, continens dicta insigniora ex Evangeliis dierum Dominicorum & Festorum totius anni desumpta & 5. vocum concentu exornata Lipsiæ. 1609. V in 4.

Rogerii Michaelis Introitus Dominicorum dierum ac precipuorum festorum Electoratus Saxonici Ecclesiis usitatissimerũ,ad modum Motetarum quinque vocibus expressi.Lip.1607.4.

Ejusdem Cantiones sacræ 5. vocum, ad singulos dies Dominicos dulci melodiâ compositæ. ibid 1602. V.

Valentini Geuckii novum opus, continens textus metricos sacros festorum Dominicalium & feriarum, 8. 6. & 5. vocibus Casellis, 1605. V in 4.

Valentini Schrechii Hexasticorum & Hymnorum, precipuas lectionum Evangelicarum in Ecclesia usitatarum doctrinas & usum complectentium, libri tres. Cum annotatis in fine XXII. Carminum generibus. Dantisci. 1578. in 8.

Wendelini Kesleri selectæ aliquot, si omnibus ferè musicalium instrumentorum generibus accommodatissimæ Cantiones super Evangelia, quæ diebus Dominicis & precipuis sanctorum Festis ab Adventu ad resurrectionem usque Christi solent tractari.Witebergæ.1582.in 4.

Cantiones Festivæ.

Andreæ Gabrielis Ecclesiasticarum cantionum quatuor vocum, liber primus omnibus solennitatibus Sanctorum deservientium. Venetiis 1576. in 4.

Bartholomæi Gesii Hymni Patrum cum canticis sacris latinis & Germ. de præcipuis Festis anniversariis, quibus & additi Hymni Scholastici, 5.v oc. Francof.March 1595.1609. A.4 &8.

393. LASSUS, 1610. Same as 134 above, q. v.	C:1207	--
*394. DULICHIUS, 1609. Unlocated thus; for Stettin 1599 edition see Eitner 3:269; BUC 296	(C:1206)	2:394-5
395. MICHAEL, 1603 (not 1607). Eitner 6:461; RISM 1603[5]	C:1207	2:946
*396. --, 1602. Unlocated; cf. Eitner 6:461	--	2:945
397. GEUCK, 1603-1604 (not 1605). Title begins <u>Novum et insigne opus</u>, <u>Liber 1</u>, 1604; <u>Liber 2</u>, 1603; <u>Liber 3</u>, 1603: Eitner 4:220-21; RISM 1604[5], 1603[3], 1603[4]; BUC 372; DMA 1:67-69. Also listed as 1130 below	C:1206	2:596
*398. SCHRECK, 1578. Unlocated; also listed as 722 below	C:1207	1:861
399. KESSLER, 1582. Eitner 5:356; DMA 1:571	C:1207	1:427

CANTIONES FESTIVAE

400. GABRIELI, 1576. Same as 340 above, q. v.	--	--
401. GESIUS, 1596. Cf. the <u>Hymni scholastici</u> of 1597: cf. 154 above	--	(1:247)
402. --, 1609. Title begins <u>Melodiae scholastici</u>: Eitner 4:215; Zahn 402. Also listed as 706 below	--	1:264

403. [LINDNER]. <u>Cantiones sacrae</u>, 1585. Eitner 6:180; RISM 1585[1]; BUC 620; DMA 1:734; Huys 221	C:1206	1:1048
404. --, 1588. Eitner 6:180; RISM 1588[2]; BUC 620; DMA 1:735; Wolffheim 2:1857	C:1206	1:1050
405. --, 1590 (not 1591). Eitner 6:181; RISM 1590[5]; BUC 620; DMA 1:1117; Davidsson Impr 130; Wolffheim 2:1858	--	1:565
406. LINDNER. Same as 405 above, q. v.	C:1207	--
407. H. PRAETORIUS, 1599. Eitner 8:42; BUC 806; DMA 2:155; Davidsson Impr 390; Wolfenbüttel 349	C:1207	2:1118
408. HANDL, 1597. Probably the <u>Moralia</u> of 1596: Eitner 5:14; DMA 1:1009; Davidsson Impr 249; Upsala 324. See also 460 and 773 below	C:1206	1:324
409. J. AGRICOLA, 1601. Title begins <u>Moteta novae</u>: Eitner 1:57, 58; BUC 9; DMA 1:1	C:1206	2:8
410. PALESTRINA, 1587. Donà 79(?)	C:1206	--
*411. --, 1593. Unlocated; cf. Eitner 7:297	--	1:696
412. CONTINO, 1565. Same as 360 above, q. v.	C:1206	--
413. HASSLER, 1597. Same as 263 above, q. v.	--	--
*414. --, 1599. Unlocated; cf. Eitner 5:43	--	--
415. --, 1607. Eitner 5:43; BUC 453	C:1206	1:340
416. --, 1612. Eitner 5:43; BUC 453	(Late)	1:340
417. PALESTRINA, 1613. Title begins <u>Motecta festorum</u>: Eitner 7:298	(Late)	--
418. WANNINGUS, 1590. Eitner 10:179; Huys 433	C:1207	--
*419. MARENZIO, 1588. Unlocated; cf. Eitner 6:324. Also listed as 607 below	(C:1207)	--
420. --, 1603. BUC 652	--	1:623
*421. --, 1585. Unlocated; cf. Eitner 6:325	C:1207	--

Cantiones facræ 5.6. & plurium vocum de feftis præcipuis totius anni. Norimb. 1585.

Continuatio Cantionum facrarum 4.5.6.7.8. & plurium
vocum de feftis præcipuis anni à præftantiffimis Italiæ Muficis
concinnatarum. Ibid. 1588. in 4.

Corollarium cantionum facrarum, 5.6.7.8. & plurium
vocum de feftis præcipuis anni. Ibidem 1591.

Friderici Lindneri corollarium cantionum facrarum 5.6.
7.8. & plurium vocum de feftis præcipuis anni: quarum quædam à præftantiff. noftræ ætatis Muficis in Italia feparatim funt
editæ quædam nuperrime concinnatæ & in unum corpus redactæ ibidem. 1590. in 4.

Hieronymi Prætorii cantiones facræ cantiones facræ de
præcipuis feftis anni. 5.6.7. & 8. vocum. Hamburgi 599.4.

Jacobi Handelii faccæ cantiones de præcipuis feftis anni.
4.5.6.8. & plurium vocum. Norimbergæ. 1597. in 4.

Joannis Agricolæ Mutetæ pro præcipuis in anno feftis,
4.7.6.8. & plurium. vocum ibidem, 1601. V in 4.

Joannis Aloyfii Mutetæ feftorum totius anni cum communi totius anni quaternis vocicus edita. Mediolaui. 1587. Venetiis. 1593 in 4.

Joannis Contini Introitus & Halleluja, qui in feftivitatibus fo-
lennibus per annum cantantur, quinque vocum. Vener. 1565. 4.

Joannis Leonhardi Hasleri cantiones faeræ de feftis præcipuis totius anni, 4.5.6.7.8. & plurium vocum. Norimbergæ.
1597. 599. 1607 1612. in 4.

Joannis Petri Aloyfii cantiones facræ 6. vocum pro feftis
totius anni & omnium Sanctorum. Ant. 1613. A. in 4.

Joannis Wanningii facræ cantiones, accommodatæ ad
dies feftos totius anni præcipuos ufitatos in Ecclefia, Muficis numeris exornatæ. 5. &. 6. vocum. Venetiis. 1590. in 4.

Lucæ Marenti cantiones facræ five muteta pro feftis totius anni & communi Sanctorum quaternis vocibus. Antuerpiæ.
1588. 1603. A. in 4.

Ejusdem completorium per totum annum quatuoquæ illæ

C c   B. Virginis

B. Virginis Antiphonæ quæ in fine pro anni tempore secundum Rom. Curiam decantantur, cum 6. voc. Venet. 1585. in 4.

Ludovici de Victoria sacræ cantiones de præcipuis totius anni festis 4. 5. 6. 8. & 12. vocum. Francof. 1602.

Michaelis Vacoti sacræ cantiones de præcipuis totius anni festis 5. vocum, Venetiis. 1568. in 4.

Petri Philippi Angli cantiones sacræ pro præcipuis Festis totius anni & communi Sanctorum quinque vocibus. Antverpiæ 1612. in 4.

Natalitia Christi.

Bartholomæi Gesii cantiones Missæ de nativitate Christi. 6. vocum. Francof. March. 1609. A. in 4.

Cant. La. & Germ 4. & 5. voc. in Nat. Domini. Witeb. 1591.

Joannis Rasch cantica quædam Ecclesiastica, de nativitate Salvatoris. in monte olivarum cantiones, item Paschales Salve. Regina. Cantus choralis Missæ Paschalis, 4. & plur. voc. 1572.

Leonhardi Schröteri cantiones sacræ in nativitate Domini 4. & 8. Aoc. Magdeb. 1585. in 4.

Ludov. Helmboldi Crepundia sacra 4. voc Mulhus. 1578 4.

Pauli Aretini Responsoria hebdomadæ. sanctæ ac Natalis Domini, unâ cum Benedictus, & Te Deum laudamus, 4. voc. Venetiis 1567. in 4.

Paulus Eberus collegit cantilenas aliquot pias & suaves 4. & 5. vocum, quibus Ecclesia celebrat memoriam incarnationis filii De., Witeb. 1570. in 4.

Wolffgangi Figuli vetera & nova carmina sacra & selecta de Natali Christi, diversis composita. 4. vocum. XX. Weinacht. Liedlein, 1575. in 4.

Passio Christi.

Gregorii Aichingeri Vulnera Christi à D. Bernhardo salutata 3. & 4. voc. Musice defleta. Dilingiæ, ap. Adam. Meltzer. 4.

Ejusdem lacrymæ B. Virginis & Joannis in Christû à cruce depositum modis musicis expressæ. August. ap. Sebast. Mylium.

Joannis

*422. VICTORIA, 1602. Unlocated; cf. Eitner 10:78   C:1207   1:595b
423. VAROTTO, 1568. Same as 303 above, q. v.   C:1207   1:943
424. PHILIPPS, 1612. Eitner 7:423; Goovaerts 463;   (Late)   1:736
      BUC 780; Davidsson Impr 385

NATALITIA CHRISTI

425. GESIUS, 1609. Possibly the <u>Cantiones sacrae</u>   --   1:265
      <u>chorales</u>: Eitner 4:215; Davidsson Impr 202
426. CANTILENAE, 1591. Eitner 5:178; RISM 1591^{25};   C:1224   1:1054
      DMA 2:382; Davidsson Impr 72; Zahn 300
427. RASCH, 1572. Eitner 8:130. (Several different   C:1224   1:766
      editions apparently are included in this citation.)
*428. SCHRÖTER, 1585. Unlocated. Presumably different   --   1:862
      from the 1584 book with title beginning thus: see
      Eitner 9:74; BUC 933
429. BURCK (i. e. , Helmbold), 1578. Eitner 2:239;   C:1224   1:393
      RISM 1578^5; DMA 1:730
430. PAOLO ARETINO, 1567. Same as 376 above, q. v.   C:1224   --
431. EBER, 1570. Eitner 3:300; RISM 1570^3; DMA 1:1113   C:1224   1:181
432. FIGULUS, 1575. Eitner 3:443; DMA 1:538   C:1224   1:216

PASSIO CHRISTI

433. AICHINGER, (1606). Eitner 1:69, suppl. 1:842;   C:1231   1:14
      Bucher <u>Meltzer</u> 16
434. --, (1604). Eitner 1:68, suppl. 1:830; DMA 1:498   C:1231   1:11

435. GUIDETTI, 1587 (not 1586). Eitner 4:417; BUC 410; Gaspari 2:242	C:1231	--
436. HEROLDT, 1594. Eitner 5:124. Also listed as 1054 below	C:1231	1:401
437. MACHOLD, 1593. Eitner 6:265. Also listed as 1055 below	C:1231	1:606
*438. STEURLEIN, (1576). Unlocated; cf. Eitner 9:284. Also listed as 1056 below	C:1231	1:894
439. DASER, 1578. Eitner 3:148; BUC 255; DMA 1:1802	C:1231	1:163
440. LASSUS (i. e., Tansilli), 1595. Eitner 6:65; Vogel 54; Bötticher 1595/1	C:1231	1:507
441. PAOLO FERRARESE, 1565. Same as 377 above, q. v.	C:1231	--
442. SELECTAE HARMONIAE, (1538). Eitner 8:205; RISM 1538[1]; BUC 696; DMA 1:300; Upsala 1538	C:1231	--

HARMONICA, HARMONIAE

443. SCHADEAUS, 1610. Same as 139 above, q. v.	C:1226	--
444. --, 1611. Same as 139 above, q. v.	C:1226	--
445. --, 1613. Same as 139 above, q. v.	(Late)	--
*446. VARENIUS, (1503). Unlocated; cf. Davidsson Th 569; Eitner 10:36 reports a copy cited by Hawkins	C:1215	--
447. BERGER, 1607. Same as 145 above, q. v.	C:1214	--
448. PEVERNAGE, 1606. Editions reported from 1583, 1589, 1593, 1605, 1614, and 1628: Eitner 7:401; RISM 1583[14], 1589[9], 1593[4], 1605[8], 1614[12], 1628[14]; Goovaerts 279, 297, 324, 409; BUC 777; Huys 336-37. See also 804 below	C:1214	1:720
449. PAPIUS, 1581. Same as 8 above, q. v.	C:1215	--
450. KLINGENSTEIN, 1607. Eitner 5:387	C:1214	2:814
451. K. HASSLER, 1613 (not 1612). Same as 171 above, q. v.	(Late)	--
452. WALLISER, (1612). Eitner 10:160	(Late)	2:1628

Joannis Guidetti cantus Ecclesiasticus Passionis D. N. J. C. juxta ritum capellæ Papæ ac sacrosanctæ Basilicæ Vaticanæ. Romæ. 1586. in folio.

Joann. Herold Passion. juxta Matth. 6. voc. Græcii. 1594. 4.

Joann. Macholdi Passionale 5. vocum. Erphord. 1593. in 4.

Joannis Steurlini Passionale quatuor vocum. ibid. apud Georg. Bauman.

Ludovici Dafer Passionis D. N. J. C. historia. Monachii. 1578. fol. regal.

Ludovici Tansilli lachrymæ S. Petri. ibid. 1595. in fol. Ital.

Pauli Ferrariensis Passiones, Lamentationes, Responsoria, Benedictus, Miserere, multaque alia devotissima cantica, ad officium hebdomadæ sacræ pertinentia, quatuor vocum. Venet. 1565. in 4.

Selectæ Hormoniæ de Passione D. N. J. C. 4. vocum. Witeb. ad. Georg. Rhau.

Harmonica, Harmoniæ.

Abrahami Schadæi promptuarii musici sacrarum Harmoniarum sive Motetarum, 5. 6. 7. & 8. vocum, cum ex variis iisq; clarissimis autoribus hujus & superioris ævi congestarum pars I. Argent. 1610. A. pars II. ibid. 1611. A. pars III. ibid. 1613. V. in 4.

Alani Vatenii Harmoniæ. Paris. ap. Rob. Steph. cum aliis ejusdem.

Andreæ Bergeri Harmoniæ sacræ, 4. 5. 6. 7. vocum. Augustæ 1607. in 4.

Andreæ Paurnagis harmonia cœlestis, 4. 5. 6. & 8. vocum. 1606. in 4.

Andreas Rapius de consonantiis seu pro Diatessaren. Ant. 1681. in 8.

Bernhardi Klingenstein lib. I. Symphoniarum, 8. 7. 6. 5 4. 3. 2. 1. voc. Monach. 1607. V.

Casparis Hasleri sacræ Symphoniæ diversor. excellentiss. autor. 4. 5. 6. 7. 8. 10. 15. & 16. voc. Norimb. 1612. A. in 4.

Christoph. Thomæ Walliseri chorus musicus harmonicis, 3. 4. 5. & 6. voc. numeris exornatus. Arg. A in 4.   Cle.

Clementis Stephani Hermonia suaviſſima 4. 5. & 8. vocum. Norimb. 1567. 4.

Concentus jucundiſſ. 8. 6. 5. 4. vocum Harmonicæ Muſices Odhecaton. Venet.

Erycii Puteani Muſica Pleias, ſive ſeptem notæ canend
Epitome Palladis modulatæ, in eorum gratiam, qui novam, nu
dam facilemque Harmonicæ lectionis rationem ſcire avent &
proſequi. Venet. 1600. in 4.

Gregorii Aichingeri Faſciculus ſacrarum Harmoniarum
4. voc. Diling. 1606. A. 4.

Gregorii Zuchini Harmonia ſacra, in qua Moteta. 8. 9. 10.
12. & 20. vocibus, Miſſæ autem 8. 12. & 16. vocibus concinnatæ
ſunt. Venet. 1603. A. in 4.

Guilielmi Boni Harmoniæ in Ronſardi Galli poemat. 1576.
Jacobi Handelii Harmoniæ variæ 4. voc. Pragæ. 1591. in 4.

Ejusdem Harmoniarum moralium 4. voc. libri tres, quib.
heroica, facetiæ naturalia, quodlibetica, tum ſacta ſictaque Poetica. &c. admixta ſunt. Norimb. 1595.

Jacobi Meilandi Harmoniæ ſacræ 5. vocum ſelectæ. Erph.
1588. in 4.

Joannis de Caſtro Harmonia jocoſa & delectabilis 4. voc.
Ant. 1595. 4. Gall.

Joſephi Zarlini Harmonia. Venet. 1573. 1589. in fol. Ital.

Ludovici Viadani concentuum Eccleſiaſticorum 1. 2. 3. &
4. vocum cum Baſſo continuo & generali organo applicato libri duo. Francof. 1909. V. 4.

Opus completum, cum ſolennitate omnium veſpertinarum. ibid. 1911. 4.

Martini Collini Harmoniæ univocæ in odas Horatianas,
& in alia quædam carminum genera. Argent. 1568.

Matthiæ Caſtritii nova Harmonia 5. voc. Item carmina
4. vocum Symbola Principum, 4. & 5. vocum. Norimb. 1569.

Matthiæ Merckeri Belgæ, concentus Harmanici, varii
generis inſtrumentis quibusvis congruentes. 2. 3. 4. 5. & 9. vocum. Francof. 1611. A in 4. ap. Stenium.

Nicolai

453. STEPHANI, 1567. Same as 183 above, q. v.	C:1215	--
*454. CONCENTUS JUCUNDUS. Probably two works. The first is unlocated; the second is Petrucci's great collection: see 618-20 below	C:1214	--
455. PUTEANUS, 1600. Eitner 8:94	C:1214	--
456. AICHINGER, 1606. Eitner 1:68, suppl. 1:829; Bucher Meltzer 13	C:1214	1:15
457. ZUCCHINI, 1602 (not 1603). Eitner 10:363	C:1215	2:1729
458. BONI, 1576. Title begins Sonetz de P. de Ronsard: Lesure-Thibault LeRoy-Ballard 196-97; Thibault-Perceau 78-79	C:1214	(1:66)
*459. HANDL, 1591. Unlocated thus; cf. Eitner 5:14	C:1214	1:320
460. --, 1595. Probably the same as 408 above, q. v.	--	--
461. MEILAND, 1588. Eitner 6:424	C:1214	1:644
462. CASTRO, 1595. Title begins Harmonie joyeuse: Eitner 2:364	C:1214	(1:127)
*463. ZARLINO, 1573. Unlocated; cf. Eitner 10:331	C:1215	--
*464. --, 1589. Unlocated; cf. Eitner 10:331	C:1215	1:1028?
465. VIADANA, 1610 (not 1609). Eitner 10:73	(Late)	2:1589
466. [VIADANA]. Opus completorium, 1611. Eitner 10:73. See also 670 below	(Late)	2:1591
*467. COLLINUS, 1568. Unlocated; for Wittenberg 1555 edition see Eitner 3:15	C:1214	--
468. GASTRITZ, (1569). Eitner 4:171; BUC 363; DMA 1:66; Wolfenbüttel 132	C:1214	1:243
*469. --. Carmina, 1569. Unlocated; cf. Eitner 4:171. Title begins Neue Gesäng mit 4 Stimmen, according to Göhler	(C:1214)	1:244
*470. MERCKER, 1613. Unlocated; cf. Eitner 5:441	(Late)	2:931

471. LAGROTTE, 1575. Lesure-Thibault <u>LeRoy-</u> <u>Ballard</u> 186; Thibault-Perceau 69. (Cf. Eitner 6:15)	C:1214	--
*472. HOFHEIMER, 1527. Unlocated	C:1214	--
473. --, 1539. Eitner 5:171; RISM 1539[26]; BUC 488; DMA 1:1010	C:1214	--
474. [K. HASSLER]. <u>Symphoniae sacrae</u>, 1598 (not 1597). Same as 169 above, q. v.	C:1214	--
475. --, 1601 (not 1600). Same as 170 above, q. v.	C:1210	--
*476. TABULA, 1565. Unlocated	C:1214	1:1303

MISSAE

477. UTENDAL, 1573. Eitner 10:15; DMA 1:685; Upsala 230	C:1223	1:940
478. PEVERNAGE, 1602 (not 1603). Goovaerts 384; BUC 777	(C:1222)	1:726
*479. ANNIBALE PADOVANO, 1566. Unlocated; cf. Eitner 1:161	C:1222	1:823
*480. SCANDELLO, 1576. Unlocated; cf. Eitner 8:448	--	1:848
*481. CROTUSLIUS, 1590. Unlocated; cf. Eitner 3:118	C:1222	1:160
482. ARNOLDUS FLANDRUS, 1608. Eitner 1:208; BUC 55; Bucher <u>Meltzer</u> 24	C:1222	2:481
483. B. AMMON, 1591. Eitner 1:130	C:1221	1:29
484. LUYTON, 1611. Eitner 6:257	(Late)	1:605
485. MORALES and LUPI, 1565. Eitner 7:54; RISM 1565[1]; BUC 690	C:1222	1:657
486. --, 1545. Eitner 7:53; Pogue 47	C:1222	--
487. MORALES, 1563. Eitner 7:53, suppl. 3:1004	C:1222	1:658
488. SERMISY, 1583. Eitner 9:144; Lesure-Thibault <u>LeRoy-Ballard</u> 258	C:1223	1:868a
*489. CLEMENS NON PAPA, 1570. Unlocated. The date is not likely: folio mass books were issued in Louvain by Phalèse between 1556 and 1563 but not thereafter	C:1222	1:132c
490. PORTA, <u>Musica ... Dominicis</u>, 1566. Same as 351 above, q. v.	C:1222	--
491. --, <u>Musica ... Sanctorum</u>, 1566. Same as 350 above, q. v.	C:1222	--

Nicolai de La Grotte P. Ronsardi cantiones harmoniis Musicis ornatæ. Parisiis. 1575.

Pauli Hofheilmeri Harmoniæ Poeticæ 1527. Norib. 1539. 8.

Symphoniæ sacræ diversorum excellentiss. autorum quaternis. 5. 6. 7. 8. 9. 10. 11. 12. 13. & 14. tam vocibus quàm instrumentis idoneę. Norimb. 1597. 4.

Symphoniarum sacrarum continuatio. 4. 5. 6. 7. 8. 9. 10. & 12. vocum. ibid. 1600, V. 4.

Tabula harmoniarum Musicalium. Witeb. 1565. in fol.

Missæ.

Alexandri Utendal tres 5. & 6. vocum. Item Magnificat 4. vocum per 8. tonos. Norimb. 1573. 4.

Andreæ Peruernagii Missæ, 5. 6. & 7. vocum. Ant. 1603. 4.

Annibalis Patavini Missæ cum Cypriani de Rore & Orlandi Missis. Ven. 1566.

Antonii Scandelli Missæ sex, quarum priores tres quinque posteriores verò sex vocum sunt. Monachii. 1576. fol.

Arnoldi Crothusii Missa ad imitationem suavissimæ Motetæ Jacobi Clementis non Papæ: Dum præliaretur Michael. &c. 4 voc. Helmstadii 1590. 4.

Arnoldi Flandri Missa solenne, à serta voce instituta: Si fortuna favet. Dilingæ. 1608. in 4.

Blasii Ammonii Missæ cùm breves, tùm 4. vocum concinnatæ. Monachii 1591.

Caroli Luytkon liber I. Missarum. Pragæ. 1611. A. fol. regal.

Christoph. Moralis & Joannis Lupi Missæ 5. vocum. Venet. 1565. in 4. Lugd 1545. fol. Ejusdem Missæ 4. vocum. Ven. 1563. 4.

Claudii de Sermissi Missæ tres. Lutetiæ. 1583. fol.

Clementis non Papæ Missæ defunctorum. Levanii. 1570. fol. regal.

Constantii Portæ Musica in introitus Missarum quæ in diebus Dominicis toto anno celebrantur. quinque vocum. Ven. 1565. in 4.

Ejusdem Musica in introitus Missarum, quæ in solennitatibus

tibus Sanctorum omnium toto anno celebrantur. ib. 1566. in 4.
Cypriani de Rore, Annibalis Patavini & Orlandi liber,
Miſſarum, 4. 5. & 6. voc. ibid. 1566. in 4.

Friderici Lindneri Miſſæ quinque quinis vocibus à diverſis muſicis compoſitæ. Norimb. 1591. 4.

Florentini Canalis Miſſæ, Introitus ac Moteta, 4. vocum.
Brixiæ. 1588. in 4.

Georgii Cropatii Miſſarum Tomus 1. quinque vocum, juxta dodeca chordi modos, Dorii ſcilicet, Hypodorii & Lidii accuratè compoſitus. Venet. 1578. in 4.

Georgii Poſſ. liber 1. miſſarum, 5. & 6. voc. Auguſt. 1608. A.

Gregorii Aichingeri ſolennia corporis Chriſti in ſacrificio
miſſæ, & in ejusdem Feſti officiis ac publicis proceſsionibus cantari ſolita. ibid. 1606. in 4.

Gregorii Schnitzkii miſſa, ſuper: Deus noſter refugium,
5. voc. & Magnificar 6. voc. Auguſt. 1607 A. in 4.

Helifæi Gibellini introitus miſſarum de feſtis per curſum
anni, 5. voc. Romæ. 1565. fol.

Horatii Vecchii miſſæ ſenis & octonis vocib. ex celeberrimis autoribus. Ant. 1512. A. 4.

Jacobi Archadet miſſæ tres, cum 4. 5. &c. voc Lut. 1583. 4.

Jacobi de Kerle ſex miſſæ, partim 4. Partim 5. vocibus concinendæ, magnâ formâ & charactere excuſæ. Venetiis. 1562.
1582. fol.

Jacobi Paix miſſa, parodia, motetæ, Domine da nobis au-
xilium. Thomæ Crocquilonis, ſenis vocibus, ad Dorium. Lavingæ. 1587. in 4.

Jacobi Regnardi miſſarum flores illuſtrium, nunquam ha-
ctens viſi. Francof. 1601. V.

Ejusdem miſſarum libri primi, 5. 6. & 8. vocum. Francof.
apud Steinium. Ejusdem continuatio miſſarum, 4. 5. 6. & 8. vocum. ibidem. Ejnsdem corollarium miſſarum totidem vocibus.
apud eundem. Francof. 1603. in 4.

Jacobi Reineri ſacrarum miſſar. 6. voc. Diling. 1604. V. in 4.

Ejuſd. miſſæ aliquot ſacræ 3. & 4. v. decantandæ. ib. 1606 4.

Joan-

492.	RORE, &c., 1565. RISM 1566[1]	C:1222	1:823
493.	LINDNER, 1590 (not 1591). Eitner 6:180; RISM 1590[1]; BUC 620	C:1222	1:568
494.	CANALE, 1588. Eitner 2:304; BUC 159	C:1222	--
*495.	KROPÁCŽ, 1578. Unlocated; cf. Eitner 5:458	C:1222	--
496.	POSS, 1608. Printed in Graz by Widmannstätter: Eitner 8:35	C:1222	2:1115
497.	AICHINGER, 1606. Eitner 1:69, suppl. 1:840	C:1221	1:13
*498.	SCHNITZKE, 1607. Unlocated. The composer's only known activity was around Danzig	(C:1223)	2:1367
499.	GHIBEL, 1565. Same as 362 above, q. v.	C:1222	--
500.	VECCHI, 1612. Eitner 10:42; RISM 1612[1]; Goovaerts 462	(Late)	1:957
501.	ARCHADELT, 1583. Unlocated; for folio choirbook edition of 1557 see Eitner 1:186; Lesure-Thibault LeRoy-Ballard 23, also note on p. 215	C:1221	1:39
502.	KERLE, 1562. Eitner 5:352; BUC 568	C:1222	1:418
503.	--, [Quatuor missae], 1582. Printed in Antwerp by Plantin: Eitner 5:352; Goovaerts 267; Stellfeld 8	--	1:419
504.	PAIX, 1587. For a version which appears to lack the masses see Eitner 7:294; DMA 1:635. See also 580 below	C:1223	1:688
*505.	REGNART, 1601. Unlocated; cf. Eitner 8:156	--	1:785
506.	--. Missarum, 1602 (not 1603). Eitner 8:156; BUC 881; DMA 2:166; Upsala 179; Wolfenbüttel 370	C:1223	1:785
507.	--. Continuatio, 1603. Eitner 8:156; Upsala 180	C:1223	1:786
508.	--. Corollarium, 1603. Eitner 8:156; Upsala 181; DMA 1:652	C:1223	1:787
509.	REINER, 1604. Eitner 8:179; BUC 884; Bucher Meltzer 3	C:1223	1:801
510.	--, 1608 (not 1606). Eitner 8:179; Bucher Meltzer 28	C:1223	1:805

511. CASTRO, 1599. Eitner 2:363   --   1:130
512. CONTINO, 1561 (not 1565).   Eitner 3:38   C:1221   1:139
513. ASOLA, 1565. Eitner 1:221; BUC 61. Extant copies   C:1221   --
     lack imprint date: a particularly useful entry
514. STADLMAYR, 1612. For extant copies dated   (Late)   2:1488
     1607 and 1610 see Eitner 9:245; BUC 970
515. HASSLER, 1599. Eitner 5:43; BUC 453; DMA   C:1222   1:348
     1:92; Wolfenbüttel 187; Wolffheim 2:1810
516. LECHNER, 1584. Eitner 6:99; BUC 605; DMA   C:1222   1:545
     1:135; Davidsson Impr 301; Wolffheim 2:1855
517. [AICHINGER]. Liturgica, 1603. Same as 361   C:1221   --
     above, q. v.
518. QUINTIANUS, 1611. Same as 370 above, q. v.   (Late)   --
519. RUSCHARDUS, 1603. Eitner 8:364   C:1223   2:1266
520. POTTIER, 1599. Eitner 8:38; RISM 1599[1];   C:1223   1:753
     Goovaerts 363; BUC 805
521. M. PRAETORIUS, 1611. Printed in Wolfenbüttel,   (Late)   2:1135
     not Hamburg: Eitner 8:47; BUC 807; DMA 1:177;
     Zahn 380
522. SERRA, 1608. Eitner 9:145; RISM 1608[1]; Goovaerts   C:1223   2:1423
     426
523. VAROTTO, 1563 (not 1565). Eitner 10:37; Gaspari   C:1223   1:942
     2:149
524. --, 1588. Unlocated; cf. Donà p. 161   C:1223   --
525. Same as 524(?)   (C:1223)   --
526. MISSAE, 1570. RISM 1570[1]; Goovaerts 206   C:1221   1:1039
527. MISSARUM MUSICALIUM, Paris (1534). RISM   C:1221   --
     1534[1]; Heartz 48
*528. --, Lyon (n. d.). Unlocated (Mass settings for   C:1221   --
     two voices: !! ? ?)
529. MISSARUM LIBER XV, (1539). Eitner 7:392;   C:1221   --
     RISM 1539[1]; BUC 660; DMA 1:302

Joannis de Castro missæ trium vocum, in honorem facro-
sanct. Trinitatis. Colon. 1599. in 4.

Joannis Canteri missæ quatuor vocum. Venet. 1565. in 4.

Joannis Matthæi Asulæ Introitus & Alleluja missarum o-
mnium majorum solennitatum totius anni,musica super cantu
plano, 4. vocum. Venet. 1565. 4.

Joannis Stadelmayri missæ octo vocum cum duplici Basso
ad organum accommodato. August. 1612. V. in 4.

Leonhardi Hasleri missæ cum 4. 5. 6 & 8. voc. Nor. 1599. 4

Leonhardi Lechneri liber missarum, 6. & 5. vocum. Adjunctis aliquot introitibus, in præcipua festa, ab Adventu Domini usque ad festum SS. Trinitatis, iisque sex & quinqne vocibus. ibidem. 1584.

Liturgica sive sacra officia, qnatuor voc. August. 1603. in 4.

Lucretii Quint. Musica 4. voc. Introit. Miss. Franc. 1611. V.

Ludovici Ruschardi Missarum liber primus, 4. vocum.
Norimb. 1603. V. in 4.

Matthæi Potier selectiss. Missarum flores ex præstantissimis nostræ ætatis autoribus selecti 4, 5. & 6. vocum. Anvte-
piæ. 1599. in 4.

Michaelis Prætorii Missodia Sionia, continens cantiones
sacras, ad officium, quod vocant summum, ante meridiem in
Ecclesia usitatas, per Harmoniam, 2. 3. 4. 5. 6. & 8. vocibus
concinnatas. Hamburgi. 1611. A. in 4.

Michaelis Serræ Mantuani Missæ 4. voc. Ant. 1608. V. 4.

Michaelis Vacoti Mixtæ sex vocum. De SS. Trinitate verò
4 vocum. Veoet. 1565. 4.

Ejusdem liber II. Missar. cum 5. & 6. voc. Medialani. 1588. 4.

Mich. Vaioti Missar. libr. 2. 5. & 6. voc. Mediolani. 1588. 4.

Missæ X. præstantissimorum artificum 4. 5. & 6. vocum.
Lovanii. 1570. fol.

Missarum Musicalium 4. vocum lib. I. Parisiis. Et alius præ-
stantiss. Musicorum ibidem. & 2. vocum, Lugduni.

Missarum lib. XV. præstantissimorum Musicorum Norib.
apud Joann. Petrecium.

Orlandi

Orlandi de Lasso miſſarum liber IV. & V. vocum. Norim bergæ 1581. in 8.

Ejusdem miſſæ variis concentibus ornatæ, cum cantico B. Mariæ octo modis muſicis variato. Pariſiis. 1583. fol.

Ejusdem miſſæ poſthumæ ritu veteri Rom. Catholico, in modos quá ſenos, quá octenos, hactenus ineditæ, & omnium quas edidit lectiſſimæ. Mooachi, 1611. A. fol. regal.

Pauli Isnardi miſſæ 5. vocum. Venet. 1568. in 4.

Pauli Sartorii Cantus primi chori miſſæ tres & octo vocib. decantandæ. Monachii 1600. fol.

Petri Pentii Miſſarum cum quatuor vocibus, liber I. Venet. 584. in 4. Ejusdem liber II. Ibidem. miſſarum cum quinque vocibus liber III. Ibidem 585. in 4.

Philippi de Monte miſſa ad modulam: Benedictiades 6. vocum. Ant. 1580. fol. regal·

Simonis Gattiæ miſſæ Muſicæ. Venetiis 1579.

Theodorici Riccii miſſæ. Regiomanti. Baruſſiæ. 1579.

Tiburtii Maſſaini miſſæ 5. & 6. vocum. I. Rorate cœli 5. vocum. II. Nuncio vobis. 5. vocum. III. Omnes gentes. 6. vocum. liber I. Venetiis. 1578. in 4.

Valnntini Hausmanni miſſa octo vocum cum duabus motetis. 14. & 10. vocum Norimb. 1604. fol.

Victorii Raimundi Miſſarum trium lib. quinque vocibus Venetiis. 1584.

Moteta.

Adriani à ſei Motetarum liber I. Venetiis.

Adriani Willart cantiones Muſicæ ſeu Mutetæ, cum aliis ejusdem cantionibus Italicis 4. 5. 6. & 7. vocum. 1569. in 4.

Alexandri Symphoniatchæ ſacrarum cantionum ſive Motetarum 4. 6. 8. & 12. vocum liber tertius. Francof. 1606. in 4·

Alexandri Utendal Mutetæ ſacræ 6· & plurium voc. Norimbergæ. 1573. Eſt ſacrarum cantionum liber II. Earundem liber III. 5. & 6. vocum. Ibid. 1577. 4.

Alexii Neandri ſacrarum cantionum ſeu Mutetarum 4 5. liber IO   6. 7. 8

530.	LASSUS, 1581. Same as 117 above, q. v.	--	--
531.	--, 1583. Same as 119 above, q. v.	--	--
532.	--, 1611. Same as 135 above, q. v.	(Late)	--
533.	ISNARDI, 1568. Eitner 5:251	--	1:413
534.	SARTORIUS, 1600. Eitner 8:434	C:1223	2:1274
535.	PONTIO. Liber 1, 1584. Eitner 8:17; BUC 801	C:1222	--
*536.	--, Liber 2, 1584. Unlocated	C:1222	--
537.	--, Liber 3, 1585. Eitner 8:17; Gaspari 2:129	C:1222	--
538.	MONTE, 1580. Goovaerts 258. For extant edition dated 1579 see Eitner 7:37; Stellfeld 2; Huys 303	C:1222	1:656
539.	GATTO, 1579. Eitner 4:174	C:1222	--
540.	RICCIO, 1579. Eitner 8:213; BUC 889	C:1223	--
*541.	MASSAINO, 1578. Unlocated; cf. Eitner 6:371; Gaspari 2:96-97	C:1222	--
542.	HAUSSMAN, 1604. Eitner 5:54	C:1222	1:382
543.	RAIMONDO, 1584. Eitner 8:117; BUC 871	C:1223	--

MOTETAE

544.	WILLAERT (i. e., Adriano). Probably the Musica 5 vocum ... Liber 1 of 1539: Eitner 10:263; Gaspari 2:514; Wolfenbüttel 522	C:1226	--
*545.	--, 1569. Unlocated; cf. 5 above	C:1226	--
546.	NEANDER (i. e., Symphoniarch), 1606. See 550 below (Liber 3?)	C:1226	--
547.	UTENDAL. Liber 1, 1573. Same as 143 above, q. v.	C:1226	--
548.	--. Liber 2, 1573. Title begins Sacrarum cantionum: Eitner 10:15; BUC 1030; DMA 1:259	C:1226	1:938
549.	--. Liber 3, 1577. Title as above: Eitner 10:15; BUC 1030; DMA 1:260	C:1226	1:939
550.	NEANDER. Liber 1, 1605; Liber 2, 1605; Liber 3, 1606. Eitner 7:161; BUC 726. Cf. 546 above	C:1225	2:1004-6

551.	NEANDER, 1611. Probably the same as 144 above, q. v.	(Late)	--
552.	ANNIBALE PADOVANO, 1567. Eitner 1:161; BUC 32	C:1225	1:33b
553.	PACELLI (i.e., Asprilius), 1608. Printed in Venice, not Frankfurt: Eitner 7:270; Upsala 160	(C:1211)	2:1039
554.	AGAZZARI, 1607. Eitner 1:49; BUC 8	C:1224	2:6
*555.	B. AMMON, 1590. Unlocated	C:1224	1:28
556.	--, 1593. Eitner 1:130; BUC 26; DMA 1:10. See also 159 above	--	1:30
557.	[REGNART], Cantiones, 1577. Eitner 8:156. See also 622 below	--	1:1044
558.	PORTA, 1564. Known only in 1555 edition: Eitner 8:26; Gaspari 2:481	C:1225	--
559.	RORE, 1563 (not 1565). Eitner 8:306; RISM 1563[4]; BUC 899	C:1225	1:821
560.	PHINOT, 1564. Probably known only in a 1555 edition: Eitner 7:427	(C:1224)	--
561.	TRESTI, 1610. Eitner 9:449	C:1226	2:1552
562.	ZACHARDI, 1591. Same as 192 above, q. v.	C:1206	--
563.	SALE, 1598. Title begins Patrocinium musices: Eitner 8:391; BUC 914	--	1:840
*564.	RUBEI, (1590?). Unlocated; cf. Eitner 8:345, reference to Becker under Flavio Rubei	C:1225	--
565.	GHIBEL, (1548?). Eitner 4:235; BUC 372. One partbook located by Eitner is dated 1546	C:1224	--
566.	SCAFFEN, 1564 (not 1565). Eitner 8:444, suppl. 2:908	C:1226	1:841a
567.	H. PRAETORIUS, 1606. Probably the Cantiones sacrae of 1607: Eitner 8:42; RISM 1607[5]; BUC 806	--	2:1118

6. 7. 8. 10. 12. 16. &c. vocibus, tàm vocali, quàm instrumentali musicæ cccommodatarum libri IV. seorsim editi. Francofurt. 1605. 1606. V. in. 4.

Ejusdem quæ IV. & V. vocibus tantûm concinuntur, ibidem. 1611. A. in 4.

Annibalis Patavini liber 1. mutetarum, 5. & 6. vocum. Venet. 1567. in 4.

Aprilii sacræ cantiones, quæ vulgò Motectæ appellantur & Magnificat octonis vocibus concinendæ. Fran. 1608. V. in 4.

Augustini Agazzari cantiones motecta, 4. 5. 6. 7. & 8. vocibus ac instrumentis applicatæ, nunc primùm in Germania excusæ, ibid. 1607. V. in 4.

Blasii Ammonii breves & selectæ quædam sacræ cantiones, quas vulgò muteta vocant, 4. 5. & 6. vocum, pro certis quibusdam Sanctoruw Festis concinnatæ, & tàm viva voce, quàm instrumentorum genere decantandæ. Monach. 1590. 1593. 4.

Cantiones vulgò Muteta appellatæ ex V. atque N. Testam. collectæ, 4 voc. Norimb. 1577. 4.

Constantii Portæ mutetorum lib. 1. 5. voc. Venet. 1564. in 4.

Cypriani de Rore & aliorum artificum muteta 4. voc. paribus decanenda. ibid. 1565. 4.

Dominici Phinot lib. II. mutetorum, 5. voc. ib. 1564. 4.

Flaminii Trrsti sacræ cantiones, motetæ appellatæ, 4. vocibus suavissimis concinnatæ, & jam primùm in Germania excusæ. Francof. 1610. A. in 4.

Floridi Zachardi cantiones seu muteta, 5. 6. & 8. vocum. Venetiis. 1591. in 4.

Franc. Salis in natalem D. N. J. C. mutetum 5. vocum, & missa ad imitationem accommodata. Monachii. 1598.

Georgii Rubei liber 1. mutetarum, 4. voc. Ven. 1509. in 4.

Helisæi Gibellini muteta quinque vocum, Venet.

Henrici Schafferi cantionum sive mutetorum liari duo, 5. voc. ibid. 1565. in 4.

Hieronymi Prætorii motetarum sacrarum, 5. 6. 7. 8. 10. & 12. voc. Tom. 1. Hamb. 1606. A. in 4.

D d   Jaches

Jachès Wert Motetarum 5. vocum liber I. Norimbergæ.
1568. Venet. 1566. 4.

Ejusdem Motetarum lib. duo 5. voc. Venet. 1565. in 4.

Jacobi Antonii Cordilli Motetta. Venetiis. 1579.

Jacobi Clementis non Papæ libri VII. Cantionum sacrarum, vulgò Motetta vocant 4. vocum. Lavanii, 1567. 4.

Jacobi Handelii opera Motectarum, quæ proſtant omnia.
Francof. 1610. A.

Jacobi de Kerle liber Motetorum 4. & 5. vocum. Norimb.
1571. Venet. 1571. Mönach. 1572. 1576. 4.

Jacobi Meilandi sacræ aliquot cantiones novæ, quas vulgò
Mutetas vocant. 5. vocum. Francof. 1576. in 4.

Jacobi Moderni Motetæ 5. & 6. vocum. Lugduni.

Jacobi Paix motetæ, cum artificiosis fugis, 2, 3. 4. & plurium voc. Laving. 1587.

Jacobi Regnardi cantiones Mutetæ ex V. & N. Teſtamen-
to coliectæ, 4. vocum. Norimberg. 1577. in 4.

Jacobi Reineri motetæ ex sacris desumptæ, 4. & 5. voc.
Conſtant. 1595. in 4.

Ejusdem liber motetarum 6. & 8. vocum. Francof. 1601. A.
Mönach. 1600. A. 4.

Joannis Baptiſtæ Racani sacrarum cantionum, quæ muteta appellantur, cum quinque vocibus, ac miſſarum, cum 4. & 5.
vocibus. Venetiis. 1588. in 4.

Joannis de Caſtro cantiones sacræ, quas mutetas vulgò no-
minant, quinque vocibus compoſitæ. Franc. 1591. in 4.

Joannis Chuſtrovii motectæ, 4. 5. 6. & 8. voc. ib. 1603. V. 4.

Joan. Dominici cantiones, vulgò motetæ appellatæ, 5. voc.
lib. 1. Venet. 1566. in 4.

Joan. de Latre vulgari cog. Pet. Jan. cantiones ſive mutetæ,
5. 6. & 7. voc, Düſſeldorpii. 1566. in 4.

Joannis Macholdi mutetæ quinque ad præsens tempus
propter Turcæ tyrannidem accommodotæ. Erphord. 1595. in 4.

Joan. Petri Aloyſii lib. 1. mutetarum, quæ partim quinis,
partim senis, partim septenis vocibus continuntur. Ven. 1570.
lib. II. III. IV. & V. ib. 1586. 1588. 4.   Joan.

568.	WERT, 1569 (not 1568). Eitner 10:237; Huys 434; Upsala 241	C:1226	1:1004
569.	--, 1566. Eitner 10:237	--	1:1003
*570.	--, 1565. Unlocated; there is a 1581 collection, for 6 voices, which includes books 1 and 2: cf. Eitner 10:237	--	1:1005
*571.	CORDILLUS, 1579. Unlocated; cf. Eitner 3:50	C:1224	--
572.	CLEMENS NON PAPA, 1567. Same as 222 above, q. v.	C:1224	--
573.	HANDL, 1610. Unlocated; cf. Eitner 5:14	C:1224	1:325
574.	KERLE, Nuremberg 1571. Probably the Selectae quaedam cantiones, listed as 225 above	--	1:422?
*575.	--, Venice 1571. Unlocated	--	--
576.	--, Munich 1573 (not 1572). Eitner 5:353; Upsala 106	C:1224	1:424?
577.	--, Munich 1575 (not 1576). Probably the 5 and 6 voice Sacrae cantiones: Eitner 5:353; BUC 569; DMA 1:570	--	1:425?
578.	MEILAND, 1576. Eitner 6:424; BUC 668; DMA 1:152; Upsala 151	C:1225	1:643
579.	MODERNE. RISM 1538^2, 1539^4, 1539^5, 1542^5; BUC 682. Cf. Pogue 15, 16, 19, 34, and 36	C:1225	--
580.	PAIX, 1587. Several titles intermixed: cf. Eitner 7:293; also items 231 and 504 above	C:1225	(1:689?)
581.	REGNART, 1577. Title begins Aliquot cantiones: Eitner 8:156	C:1225	1:775
582.	REINER, 1595. Eitner 8:179	C:1225	1:798
*583.	--, 1601. Unlocated; cf. Eitner 8:179	--	1:800
584.	--, 1600. Eitner 8:179; BUC 884. Cf. 237 above, however	--	1:800
*585.	RACANI, 1588. Unlocated; cf. Eitner 8:108	C:1225	--
586.	CASTRO, 1591. Eitner 2:363; DMA 1:30; Wolfenbüttel 54	C:1224	1:119
587.	CHUSTROVIUS, 1603. Probably the same as 258 above, q. v.	C:1224	--
*588.	DOMINICO, 1566. Unlocated; cf. Eitner 3:226	C:1224	--
*589.	LATRE, 1566. Unlocated; cf. Eitner 6:71	C:1225	1:718
*590.	MACHOLD, 1595. Unlocated; cf. Eitner 6:265	C:1225	1:607
591.	PALESTRINA. Liber 1, 1579. Eitner 7:297; Gaspari 2:474	C:1225	cf. 1:703
592.	--. Liber 2, 1586? For various dates see Eitner 7:298	C:1225	--
593.	--. Liber 3, 1586? For various dates see Eitner 7:298	C:1225	--
594.	--. Liber 4, 1588? For various dates see Eitner 7:298	--	--
595.	--. Liber 5, 1588? For various dates see Eitner 7:298		

*596. PIONNIER, 1564. Unlocated; cf. Eitner 7:454	C:1225	--
597. GUAMI, 1585. Eitner 4:400; RISM 1585[3]	(C:1224)	--
598. ZARLINO, 1563. The Motetta D. Cipriani de Rore:	C:1226	--
Eitner 8:306; RISM 1563[4]; BUC 899		
*599. BONAGIUNTA, 1566. Unlocated; cf. Eitner 2:106	C:1224	--
600. SCHIAVETTO, 1563 (not 1565). Eitner 9:16, suppl.	C:1226	1:851
2:926		
601. VENTO, 1569. Eitner 10:50	C:1226	1:962
602. --, 1570. Eitner 10:50; BUC 1036; DMA 1:264	--	1:964
603. --, 1574. Eitner 10:50; BUC 1036; Upsala 233	--	1:968
604. --, 1576. Eitner 10:50; Vogel 2	C:1226	1:968
605. SAYVE, 1612. Printed in Vienna, not in	(Late)	2:1284
Nuremberg: Eitner 8:442		
606. LECHNER, 1576. Eitner 6:99; BUC 605; DMA	C:1225	1:540
1:133; Upsala 131; Wolfenbüttel 257		
607. MARENZIO, 1588. Same as 419 above, q. v.	--	--
608. RUSCHARDUS, 1603. Eitner 8:364	C:1226	2:1266
*609. --, Liber 2, 1603. Unlocated	C:1226	2:1267
610. LE MAISTRE, 1570. Eitner 6:127	C:1225	1:557b
611. M. SAYVE, 1595. Eitner 8:442	C:1226	1:841

Joan. Pionnier cantiones quinque vocib. (quas mutetas vulgò appellant) liber secundus. ibid. 1564. in 4.

Josephi Guani sacræ cantiones, quæ vulgò muteta appellantur, 5. 6. 7. 8. & 10. voc. lib. 1. ibid. 1585. in 4.

Josephi Zarlini mutetæ D. Cypriani. ibid. 1563.

Julii Bonagiontæ mottetæ 5. & 6. vocum, ex variis autoribus. ibidem. 1566.

Julii Schiavetti muteta, 5. & 6. voc. ibid. 1565. in 4.

Juonis de Vento cantiones latinæ, quas vulgò muteta vocant, quatuor voc. etiam in instrumentis musicis attemperatæ. Monachii. 1569. 4.

Ejusdem cantiones Ln. quas vulgò muteta vocant, 5. vocum. ibidem. 1570. 4.

Ejusd. mutetæ aliquot sacræ. 4. voc. ib. 1574. in 4.

Ejusdem quinque mutetæ duo Madrigalia, Gallicæ cantiones duæ, & quatuor Germanicæ, 5. & 8. voc. ibid. 1576. in 4.

Lamberti de Sayro Symphoniæ sacræ, quas vulgò Motetas appellant, tam de totius anni solennibus, quàm de tempore, 4. 5. 6. 7. 8. 9. 10. 11. 12. 15. & 16. tam vocibus, quàm instrumentis accommodatæ. Norimb. 1612. A. fol.

Leonhardi Lechneri mutetæ sacræ, 4. 5. & 6 vocum, ita compositæ, ut non solùm viva voce cantari, sed etiam ad omnis generis instrumenta adhiberi possint, ibid. 1576. in 8.

Lucæ Marentii cantiones sacræ sive Muteta pro festis totius anni & communi Sanctorum quaternis vocibus. Ant. 1588. A. in 4.

Ludovici Ruschardi lib. 1. motettorum, 4. vocibus constantium. Norimberg. 1603. V. 4.

Ejusd. lib. II. quinque vocum. ibid. 1603. V. in 4.

Matthæi le Maistro sacrarum cantionum, quas vulgò mutetavocant. lib. 1. quinque voc. Dresd. 1570. in 4.

Matthiæ de Sayne Leod. liber primus motectarum, 5. voc. Prag 1595. in 4.

D d 2   Mel-

Melchioris Schrammii cantiones vulgò motectæ, 5. 6. & 8.
vocibus, tàm inſtrumentis muſicis, quàm vivæ voci accommodatæ. Francof. 1606. V. 4.

Ejusdem lib. II. 6. & 8. voc. ibid. 1612. V. in 4.

Michaëlis Prætorii ſacrarum motetarum primitiæ, 4. 5.
6. 7. 8. 9. 10. 12. & 16. vocibus. Inſperſa Miſſa & Magnificat. Magdeb. 1606. V. Hamb. 1608. V. 1609. A.

Ejusdem muſarum Sionarum motectæ & Pſalmi Latini
totidem voc. ibid. 1609. in 4.

Mottetæ A. num. 33. In. Cantus 50. Cantus B. 50. Cantus
C. 150. Venetiis.

Mottetæ 52. diverſorum juxta diſpoſitionem tonorum, 4.
voc. Witeb. in 4.

Muteta ex veteri atque novo Teſtemento collecta, 4. voc.
Norimb. 1577. 4.

Motetæ diverſorum 4. voc. Et aliæ 4. & 5. voc. ib. in 4.

Mutetorum divinitatis 5. voc. quæ ex multis præſtantiſſi-
morum muſicorum Academiis collectæ ſunt, lib. 1. 1569. in 4.

Nicolai Gomberti mutetorum lib. 1. 4. voc. Ven. 1564. in 4.

Nicolai Gotſchovii ſacrarum cantionum & motectarum,
4. 5. 6. 7. 8. 9. &c. vocum, Centuriæ. Roſtochii. 1608. V. 4. Decas tertia. ibid. 1610. V.

Nicolai Zangii cantiones ſacræ, quas vulgò Motetas vocant, ſex vocum. Lipſiæ. 1613. A. in 4.

Orlandi di Laſſo mutetorum libri duo, 4. 5. 6. 8. & 10. voc.
Pariſiis. 1566. 4.

Ejusdem ſelectiſimæ cantiones, quas mutetas vocant, partim omninò novæ, partim nuſquam in Germania excuſæ, 4. 5.
& 6. voc. Norimb. 1568. in 4.

Ejusdem patrocinium muſices, quas mutetas vocant, opus
novum quinque Tomis digeſtum, quorum I. & II. nunc in lucem prodierunt, grandiſsimis, pro choro, notis & folio regali
impreſſum. Monachii. 1573.

Ejusdem Mutetorum liber trium vocum. Ibidem. 1575. 4.
1591. in 4.

Ejusdem

612.	SCHRAMM, 1606. Eitner 9:68	C:1226	1:859
*613.	--, 1612. Unlocated; cf. Eitner 9:68	(Late)	1:860
614.	PRAETORIUS, 1606. Unidentified; possibly the Musarum Sioniarum: see 617 below	(C:1225)	2:1126
615.	--, 1608. Same as 614 above, q. v.	--	--
616.	--, 1609. Same as 614 above, q. v.	--	--
617.	--. Musarum Sioniarum, 1609. Th. 6-7, printed in Wolfenbüttel, are from 1609: Eitner 8:47; RISM 1609$^{9-10}$; BUC 807; DMA 1:170-71	(C:1225)	2:1128
618.	MOTETTAE A. The famous Odhecaton of Petrucci: RISM 1501, 1503^2, 1504^2; Sartori Petrucci 1, 5, 14; Gaspari 3:200. See also 454 above	C:1223	--
619.	CANTUS B. See above: RISM 1502^2, 1503^3; Sartori Petrucci 2, 10; Gaspari 3:200	C:1223	--
620.	CANTUS C. See above: RISM 1504^3; Sartori Petrucci 12	C:1223	--
621.	MOTTETAE LII. The Symphoniae iucundae of 1538: Eitner 8:205; RISM 1538^8; DMA 1:700	C:1223	--
622.	MUTETAE, 1577. The Regnart Cantiones seems likely; cf. 557 above	C:1223	--
623.	MOTETAE. Unidentified; possibly RISM 1537^2. (Draudius identifies printer as Petrejus in Nuremberg)	C:1223	--
624.	MUTETORUM, 1569. RISM 1569^2; Gaspari 2:347	C:1223	--
*625.	GOMBERT, 1564. Unlocated; probably the edition of 1551 is intended: Eitner 4:302; BUC 388; Gaspari 2:429	C:1224	--
626.	GOTSCHOVIUS, 1608. Eitner 2:315; Davidsson Impr 210 [-11?]	C:1224	2:612
627.	--, 1610. Davidsson Impr 212	(Late)	2:613
628.	ZANGIUS, 1613. Eitner 10:326; DMA 1:291	(Late)	1:1020
629.	LASSUS, 1566. Same as 90 above, q. v.	--	--
630.	--, 1568. Probably included in 100 above, q. v.	--	--
631.	--, 1573. Same as 107 above, q. v.	--	--
632.	--, 1575. Same as 109 above, q. v.	--	--
633.	--, 1591. Same as 127 above, q. v.	--	--

634. LASSUS, 1579. Same as 112 above, q. v. See   --   --
     also 100 above
635. --, 1588. Same as 126 above, q. v.   --   --
636. --, 1594. Same as 128 above, q. v.   --   --
*637. --. Mottectarum, (1595?). Unlocated; cf.   C:1224   --
     Bötticher 1595/5
638. --, 1609. Same as 134 above, q. v.   --   --
639. GIACOBETTI, 1589. Eitner 4:231   C:1224   --
640. BONOMI, 1603. Eitner 2:118   C:1209   2:148
641. P. GIOVANELLI, 1568 (not 1564). Eitner 4:260;   C:1224   1:410
     RISM 1568^2; BUC 557; Huys 125-26
642. TEGHI, 1573. Presumably only Liber 3 of the set.   --   1:919
     RISM 1573^{26}; Brown 1573$_5$. Also listed as 926
     below
643. VINCI, 1578. Eitner 10:97   C:1226   --

Ejusdem selectiss Cantiones, quas vulgò Mutetas vocant partim omninò novæ, partim nusquam in Germania excusæ, 6. & pluribus vocibus compofitæ. Huic editioni accessêre omnes Orlandi Mutetæ, quæ in veteri Thesauro Musico continebantur, cum quibusdam aliis, ita ut ferè terita parte opus hoc fit auctius. Norimbergæ. 1579. in 4.

Ejusdem tertium opus Muficum continens lectiones Hiob & Mutetas feu facras cantiones 4. 5. & 6. vocum. Additæ sunt, etiam in fine aliquot piæ Ferdinandi Laffi cantilenæ, nuuc Primùm in lucem editæ Ibidem 1588. in 4.

Ejusdem cantiones facræ 6. vocum, quas vulgò Mutetas vocant. Græcii Styriæ. 1594. 4.

Ejusdem Motectarum, antea tribus fafciculis feorsim ex. cufarum, nunc verò iu volumen unum redactarum 4. 5. & 6. vocum Francof.

Ejusdem magnum opus Muficum, complectens omnes cátiones, quas Mutetas vocanr, tàm antea editas, quàm hactenus nondum publicatas ab ejusdem filiis fummo ftudio collectas. Auguftæ 1609. V. in folio.

Petri Amici Jacobi lib. I. Mutetorum 4. 5. & 6. vocibus. Venetiis. 1589. in 4.
1589. in 4.

Petri Bonhomii Melodiæ facræ quas vulgò Mutetas appellant, jam noviter 5. 6. 8. & 9. vocibus, ad ufum tùm harmoniarum vocalium, tùm inftrumentorum Muficalium accomodatæ. Francof. 1603. A. in 4.

Petri Joannelli Thefaurus Muficus, quo felectiffimæ planèque novæ cantiones facræ (quas vulgò Mutetas vocant) continentur 8. 7. 6. ac 4. vocum à præftantibus Symphonicis compofitæ, quæ in Catholica Ecclefia fummis folennibusque feftivitatibus canuntur. Venetiis 1564. in 4.

Petri Teglii cantionum Gallicarum & Mutetorum liber, ad ufum Teftitudinis concinnatus. Lovauii. 1573. in 4.

Petri Vincii Mutetorum quæ quatuor vocibus decantantur lib. I. Venetiis 1578. 4.

D d 3   Severini

Severini Corneti, cantiones, mutetæ, 5. 6. 7. & 8. vocum. Ant. 1582. 1595. in 4.

Simonis Boyleau moteta 4. voc. Venet. 1544.

Stephani Rossetti novæ quædam sacræ cantioues, quas vulgò mutetas vocant. 5. & 6. voc. Norimb. 1572. in 4.

Theodori Riccii motetæ, 5. 6. & 8. voc. Franc.

Thomæ Crecquilon opus sacrarum cantionum, quas vulgò moteta vocant. 5. 6. 8. voc. Lovan 1576. 4.

Thomæ Elsbethi cantiones sacræ vulgò motecta appellatæ, 6. voc. Neapoli. 1600. A. in 4. Item. 4. 5. 6. & 8. vocum. Lignicii. 1610. V. in 4.

Tiburtii Masiani cantiones Ecclesiasticæ, quas vulgò muteta vocant, 4. vocum.

Valentini Coleri cantionum sacrarum sive motetarum, 4. 5. 6. 7. 8. & pluribus vocibus accommodatum, liber primus. Vrsellis. 1605. A. in 4.

Ejusdem liber secundus. ibid. 1605. V. in 4.

Valentini Hausmanni manipulus sacrarum cantionum, 5. & 6. voc. Norimb. 1602. A. 4.

Vincentii Ruffi sacræ modulationes vulgò muteta. Quæ potissimos totius anni festos comprehendunt, & senis vocibus concinuntur, liber primus. Venet. 1583. in 4.

Vespertina.

Adriani Jach & Psalmi Vespertini omnium dierum festorum per annum, 4. voc. Venet. 1567. in 4.

Alexandri Marini psalmi Vesperarum cum 4. vocib. ibid. 1687. in 4.

Cæsaris de Zachariis Intonationes Vespertinarum precum, uuâ cum singulorum tonorum psalmodiis, 4. vocum: præterea Hymni quinque vocum, de tempore per totum annum. Monach. 1593. fol. regal.

Christoph. Demancii Trias precum vespertinarum, ad 8. tonos & modos concinnata. Norimb. 1602. in 4.

Domi-

644. CORNET, 1582. Same as 329 above, q. v.	C:1224	--
645. --, 1595. Same as 330 above, q. v.	--	--
646. BOYLEAU, 1544. Eitner 2:164	C:1224	--
647. ROSSETTO, 1573 (not 1572). Eitner 8:320; BUC 903. Also listed as 851 below	C:1225	1:829
648. RICCIO. Probably the Sacrae cantiones, printed in Nuremberg in 1576: see 331 above	C:1225	--
649. CRECQUILLON, 1576. Eitner 3:99; BUC 238	C:1224, C:1209	1:151
650. ELSBETH, 1600. Probably the Selectissimae cantiones, printed in Frankfurt-an-der-Oder rather than Naples: Eitner 3:332	C:1224	1:191
651. --, 1610. Eitner 3:332. In fact three different publications, issued 1606, 1608, and 1610	(Late)	1:193
652. MASSAINO, (1592). Printed in Prague: Eitner 6:371	--	1:634
653. COLERUS, 1604 (not 1605). Eitner 3:9; BUC 204; DMA 2:56; Davidsson Impr 124	C:1209, (C:1224?)	2:283
654. --. Liber 2, 1605. Eitner 3:9; BUC 204; DMA 2:57; Davidsson Impr 125	--	2:284
655. HAUSSMANN, 1602. Same as 337 above, q. v.	--	--
656. RUFFO, 1583. Printed in Brescia rather than Venice: Eitner 8:353	C:1225	--

VESPERTINA

657. WILLAERT and JACHET DE MANTUA, 1557 (not 1567). Title begins I salmi vesperi: Eitner 4:152, 10:263; RISM 1557[6]; BUC 849; Gaspari 2:330	C:1235	1:1011
658. MARINO, 1587. Eitner 6:334; BUC 654	C:1235	--
659. ZACHARIA, 1593. Same as 346 above, q. v.	C:1236	--
660. DEMANTIUS, 1602. Eitner 3:172; BUC 263; Davidsson Impr 141; Wolffheim 2:1752	C:1235	2:340

661. RAMAZZOTO, 1567. Same as 354 above, q. v.	C:1236	--
662. TRESTI, 1590. Same as 356 above, q. v.	C:1236	--
663. DORFSCHMID, 1607. Eitner 3:234; BUC 289	C:1235	2:387
664. BELLI, 1587. Same as 363 above, q. v.	C:1235	--
665. COLOMBIANI, 1579 (not 1576). Eitner 3:16; Gaspari 2:203	C:1235	--
666. HYMNUS, 1600. Possibly the <u>Catholisch</u> <u>Gesangbüchlein</u>: BUC 528; Bäumker 2:30 (no. 31)	C:1235	1:1062
667. PICTORIUS, 1594 (not 1503). Eitner 4:67, 7:442; BUC 784; DMA 1:1048	C:1235	1:745
668. ASOLA, 1578. Eitner 1:223; BUC 61	C:1235	--
669. ZANCHI, 1604 (not 1603). Eitner 10:324	C:1236	2:1709
670. VIADANA, 1610. Same as 466 above, q. v.	C:1236	--
671. ISNARDI, 1590. Printed in Venice, not Milan: Eitner 5:251; BUC 548	C:1235	--
672. --, 1578. Unlocated; for 1571 edition see Eitner 5:251	C:1235	--
673. PONTIO, 1578. Unlocated; cf. Eitner 8:17	C:1236	--
674. MASSAINO, 1576. Probably the <u>Motectorum cum</u> <u>5 et 6 vocibus liber 1</u>: Eitner 6:371; BUC 660	C:1235	--

Domitii Ramazzotti Pſalmi aliquot ad veſperas dierum feſtorum & ſolennium cantari ſoliti, cùm uno Magnificat, 5. voc. Venet. 1567. 4.

Flaminii Triſti Itali veſpertini concentus, 6. vocum. Mediolani. 1590. 4.

Georgii Dorſſchmid ſacrificium veſpertinum. Omnes Antiphonæ veſpertinæ, quaternis vocibus decantatæ. Auguſtæ. 1607. V. in 4.

Hieronymi Belli Pſalmi ad veſperas cum Hymnis & Manificat, qui poſſunt pari voce concini, ſi in ſubdiapaſon cantum moduleris. Venet. 1587 in 4.

Horatii Columbani Harmonia ſuper veſpertinos omnium ſolennitatum Pſalmos, ſex vocibus decantanda. ibid. 1576. in 4.

Hymnus auctior. I. Pſalmi feriales & completoria cum Tomis. II. Proprium de tempore. III. De Sanctis propriuw. IV. Commune Sanctorum. Conſtant. 1600 in 8.

Joannis Friderici Piſtorii Pſalmodia veſpertina, junctis aliquot B. Virginis Mariæ canticis, 4 & 5. vocibus compoſitis. Monachii. 1503 in 4.

Joan. Matthæi Aſulæ veſpertina omnium ſolennitatum Pſalmodia, juxta decretum Tridenn. concilii, duoque B. Virginis cantica 1. toni, 4. voc. Venet. 1578. in 4.

Liberalis Zanchii V. Pſalmi in veſperis concinendi, 8 &12. voeum. Prag. 1603.

Ludovici Viadani veſpertina omnium ſolennitatum Pſalmoeia, cum duobus Magnificat & falſis Bartonis, cum 5. vocib. Francof. 1610 in 4.

Pauli Iſnardi Pſalmi omnes ad veſperas, per totum annum, unà cum tribus Magnificat, quorum unum pari, tum plena voce, ut libet, cani poteſt, 4. voc. Mediol. 1 90. Venet. 1578. in 4.

Petri Pontii Pſalmi veſperarum totius anni, ſecundum Romaoæ Eccleſiæ uſum, cum quatuor vocibus decantandi. Venet. 1578. in 4.

Tiburtii Maſſaini concentus quinque vocum in univerſos Pſalmos à Rom. Eccl. veſperis omnium feſtor. per totum annum

fre-

frequentatos, cum tribus Magnificat, quorum ultimum IX, vocum modulatione copulatur. Venet. 1576. 4.

Pſalmi Davidis.

Adami GumpetzSæmei Pſalmus 51. 8. voc. Auguſt. 1604. 4.
Aſprili Pacelli Pſalmi Magnificat, & Motecta 4. vocum.
Francof. 1608. in 4.

Bartholomæi Geſii Pſalmodia choralis &c., vide ſupra cant. Eccleſicſticas.

Caſparis Pratoneri cog. Spiritus Harmonia ſuper omnes Davidis Pſalmos in Rom. Ecclefia in ſolennitatibus ad veſperas decantandos 6. vocib. Venet. 1593. in 4.

Claudii Gondinelli ad Pſalmos Davidis Harmoniæ, 4. voc. Pariſiis. in 4.

Clementis Stephani Pſalmus CXXIIX. Beati omnes quitiment Dominum, 4. 5. 6. 7. & 8. vocum, à Muſicis ſeptendecim compoſitus. Norimb. 1559. 1593. in 4.

Cypriani de Rore Pſalmi quatuor vocum, Venetiis 1559. 1593. in 4.

Davidis Wolckenſtenii Harmonia Pſalmorum Davidis 4. vocum. Argent. 1583. in 4. Germ.

Dominici Piinot Pſalmi 4. vocum; cum duobus Magnificat Venetiis 1563. in 4.

Erhardi Bodenſchatz Pſalterium Davidis, juxta translationem veterem, unà cum Canticis Hymnis & Orationibus Eccleſiaſticis, 4. vocibus compoſitum. Lipſiæ.. 1605. in 8.

Georgii Buchanani Pſalmi Davidis modulis 4. 5. 6. 7. & 8. vocum, à I. Serviona decantati. Lugduni. 1579 in 4.

Gregorii Aichingeri Pſalmus 51. Miſerere mei Deus. 8. 9. 10. 11. 12. vocibus variè compoſitus.

Guilielmi Boni Pſalmi Davidis 5. vocum, cum oratione 11. vocum. Pariſiis.

Joachimi Frid. Fritzii. Pſalmus XCIV. Græcii. 1588. in 4
Johannis Campani odarum ſacrarum liber prior Pſalmos Davidicos continens. Pragæ. 1612. V. 8.

Joannes

PSALMI DAVIDIS

675. GUMPELZHAIMER, 1604. Eitner suppl. 3:867; RISM 1604[1]; BUC 411	C:1232	1:294
676. PACELLI, 1608. Eitner 7:270 GESIUS. See 344 above	C:1232	2:1041
*677. PRATONERI, 1593. Unlocated; for 1569 and 1589 editions see Eitner 8:52	C:1232	1:757
678. GOUDIMEL, (1557-1566). In 8 books: Eitner 4:318; Lesure-Thibault LeRoy-Ballard 32, 54, 33, 66, 78, 102, 114, 115; also 49, 69, 84, 100, 101, 103, 113, 131	C:1232	--
679. STEPHANI, 1569 (not 1559). Eitner 9:279; RISM 1569[1]; DMA 1:1927	C:1232	1:883
*680. --, 1593. Unlocated	--	--
*681. RORE, 1559. Unlocated; for 1554 edition of psalms by Rore and Jachet de Mantua see Eitner 8:306; BUC 900	--	1:824
*682. --, 1593. Unlocated	C:1232	--
683. WOLCKENSTEIN, 1583. Title begins Psalmen für Kirchen & Schulen: Eitner 10:296, suppl. 2:295; Zahn 246. Also listed as 966 below	C:1232	(1:1014)
684. PHINOT, 1563. Same as 353 above, q. v.	C:1232	--
685. BODENSCHATZ, 1607 (not 1605). Eitner 2:81; Wolfenbüttel 782. Cf. 969 below	C:1232	2:135
686. SERVIN, 1579. Eitner 9:147; BUC 941. Also listed as 691 below	C:1232	1:872
687. AICHINGER, (1605). Printed in Munich by Adam Berg: Eitner 1:69; Psalm 50, not 51	C:1231	1:12
688. BONI, (1582). Eitner 2:112; Lesure-Thibault LeRoy-Ballard 249; Upsala 22	C:1232	(1:66)
689. FRITZ, 1588. Eitner 4:88; DMA 1:543	C:1232	1:224
*690. CAMPANUS, 1612. Unlocated; cf. Eitner 2:296	(Late)	--

691. SERVIN, 1575. Same as 686 above, q. v.	(C:1232)	--
*692. --, 1595. Unlocated	--	1:872
693. STEURLEIN, 1578. Eitner 9:285, dated 1589 (Göhler's entry is dated 1588)	--	1:897
694. LOSSIUS, 1579. Same as 369, q. v.	C:1231	--
695. VIADANA, (1610). Eitner 10:74	C:1231	2:1597
696. REYMANN, 1613. Eitner 8:203	(Late)	1:810
697. LASSUS, 1597. Same as 130 above, q. v.	C:1232	--
698. PSALTERIUM SELECTORUM, (1539-1542). Eitner 7:392; RISM 1538^6, 1539^9, 1542^6; BUC 849; DMA 1:1088, 1:303, 1:307; Huys 350	C:1231	--
*699. PSALTERIUM CHORALE, 1579. Unlocated	C:1231	1:1045
*700. PSALMI & HYMNI, 1596. Unlocated	--	1:1055
*701. HELSING, 1592. Unlocated	C:1232	1:395
702. HEMMEL, 1569. Title begins Der gäntz Psalter Davids: Eitner 5:105; BUC 477; DMA 1:97; Wolfenbüttel 199; Zahn 182. Also listed as 1065 below	(C:1232)	1:396
703. W. AMMON, 1591. Unlocated	--	--
704. --, 1606. Perhaps a part of the Neuw Gesangbuch teutsch und lateinisch: Eitner 1:130; Zahn 382	C:1232	--

Joannes Servianus Pſalmos Davidis à Georg. Buchanower-
ſibus expreſſos, modulis 4. 5, 6. 7. & 8. voc. decantavit. Lugduu,
1579. 1595. in 4.

Joannis Steurlini Pſalmus 150. Laudate Dominum in ſan-
ctis ejus, &c. 4. voc harmonicis exornatus. Erphord. 1578. in 4.

Lucæ Loſsii pſalmodia. Wit. 1579. 4, Vid. ſupr. cant. Eccl.

Ludovici Viodanæ Pſalmi & Magnificat, 4. vocum. Francof. apud Steinium.

Matthæi Reimanni Cythara ſacra pſalmodiæ Davidis, ad
uſum teſtudinis accommodatæ. Colon. 1613. V. in 4.

Orlandi de Laſſo quinquagintapſalmi Gallicè. Heidelberg.
1597. in 4.

Pſalmorum ſelectorum Tomus primus 4. & 5. vocum. Norimb. apud Petreum.

Pſalterium chorale, unà cum Hymnario toto, ſecundum
conſuetudinem Eccleſiæ Romanæ, diſpoſitum per hebdoma-
dam, juxta ordinem novi Breviarii. Addito cantu omnium An-
tiphonarum & Reſponſorum brevium, quæ per annum de tempore dicuntur, ac hymnorum etiam, qui communiter in Ecle-
ſia decantari ſolent. Venet. 1579. fol.

Pſalmi & hymni Eccleſiaſtici cum officio defunctorum, ad
Rom. breviarii & publici, quod cantu in Eccle ſi. iis peragitur,
officii uſum accommodati. Ant. 1596u4.

Quirini Hesling muſica Davidis, hoc eſt, omnium pſalmorum Davidis ad formam precationis accommodata compo-
ſita, in qua ſinguli pſalmi 4. hendecaſyllabicis verſibus & toti
dem rythmis Germanicis expreſsi ſunt. Lipſ. 1592. in 4.

Sigismundi Hemmelii Harmoniæ in omnes Pſalmos Davidis. Tubingæ 1569.

Wolff. Ammonii Pſalmodia Germanica & Latina, qua
præcipuæ cantiones in utraque lingua paribus verſibus rythmi-
cis, & iisdem utrobique numeris atque concentibus redditæ.
Francof. 1591. 1606. in 12.

                    E e   Hymni

Hymni.

Bartholomæi Gesii Hymni Patrum cum canticis sacris Latinis & Germanicis, de præcipuis Festis anniverlariis, quibus & additi Hymni Scholastici, quinque vocum, Francof March, 159*j*. 1609. A. in 4. & 8.

Ejusdem Psalmodia choralis ibidem, 1600, 1610. in 4. Vide supra cantiones Ecclesiasticas.

Cosmæ Alderini Hymni sacri LVII. 4. voc. Bernæ. 1553. 4.

Didaci Ortitz Hymni, Magnificat Salve, Muteta, Psalmi & alia diversa cantica, 4. vocum magnâ formâ & typis crassioribus, Venetiis 1565. in folio.

Erhardi Bodenschatz Florilegium selectiss. Hymnorum 4. vocum, pro Gymnasio Portensi. Lipsiæ, 1607. 8.

Francisi Gallecii Hymni communes Sanctorum 4. 5. & 6. vocum, & instrumentis & voci adoptati. Duaci. 1586.1600. A. 4.

Hymni totius anni, Venet. 1590. 4.

Ioannis Contini Hymni Ecclesiastici per totum annum, 4. vocum Ibid. 1565. 4.

Ioannis de Febure devoti ac sacri per totum annum Hymni 4. voc. juxta choralem cantum Rom. accommodati. Item 4. Antiphonæ de B, Maria Vitgine quinque vocum. Constantiæ, 1596. in folio.

Leonhardi Schrötteri Hymni sacri, quorum in Ecclesia per Festa maximè solennia usus est ad Harmoniam musicam applicati. Erphordiæ 1587. in 4.

Michaelis Prætorii Hymmodia Sionia, continens Hymn, S. XXIV. anniverfarios selectos in Ecclesia usitatos, per Harmoniam 2 3. 4. 5. 6. 7. & 8. vocib concinnatos. Hamb. 1611. V. in 4.

Michaelis Vacori Hymnorum liber 5. voc. Venet. 1568. 4.

Sylvestri Steir Hymnorum œcumenicorum in 8. Heptadu classes distributorum lib. 2. prior Latinogermanicus, alter Germanicolatinus. Norimb. 1583. 8.

Thomæ Ludovici Hymni totius anni secundum Rom. Ecclesiæ confuetudinem, qui quatuor concinuutur vocibus, unâ

cum

HYMNI

705. GESIUS, 1595. Cf. 154 above	C:1215	--
706. --, 1609. Same as 402 above, q. v.	(Late)	--
707. --, 1600. Same as 344 above, q. v.	--	--
708. --, 1610. Same as 345 above, q. v.	(Late)	--
709. ALDERINUS, 1553. Eitner 1:100	C:1215	--
710. ORTIZ, 1565. Same as 352 above, q. v.	C:1215	--
*711. BODENSCHATZ, 1607. Unlocated; cf. Eitner 2:80	C:1215	2:137
712. GALLET, 1586. Same as 193 above, q. v.	C:1215	--
713. --, 1600. Same as 194 above, q. v.	C:1210	--
714. [PALESTRINA]. Hymni, 1590. Eitner 7:298; BUC 758	C:1215	1:694
715. CONTINO, 1565. Probably the Introitus et Haleluja of 1560: see 366 above	C:1215	--
716. LEFEBVRE, 1596. Eitner 6:108	C:1215	1:548
717. SCHRÖTER, 1587. Eitner 9:74; DMA 1:670	C:1215	1:864
718. PRAETORIUS, 1611. Printed in Wolfenbüttel, not Hamburg: Eitner 8:47; BUC 806; DMA 1:176; Huys 349/2; Zahn 380	(Late)	2:1134
*719. VAROTTO, 1568. Unlocated; cf. Eitner 10:37. Probably the same as 303 above, q. v.	C:1215	1:944
720. STEIER, 1583. Eitner 9:271; DMA 1:242-43; Zahn 245	C:1215	1:878
721. VICTORIA (i. e., Thomae Ludovici), 1581 (not 1591). Eitner 10:78	C:1215	--

722. SCHRECK, 1578. Same as 398 above, q. v.   C:1215   --
*723. BERCHZAIMER, 1564. Unlocated; cf. Eitner 1:453   C:1215   1:60
724. FIGULUS, 1594 (not 1575). Same as 380 above, q. v. C:1215   --

MAGNIFICAT

*725. DEMANTIUS. Unlocated; cf. Eitner 3:171   C:1219   --
726. MORALES, 1562. Eitner 7:54; RISM 1562[1]; BUC   C:1219   1:660
     690; Gaspari 2:276; Wolffheim 2:1891
727. K. HAGIUS, 1606. Eitner 4:476; Bucher Meltzer 14 C:1219   1:315
728. LOBO, 1605. Eitner 6:193; Stellfeld 13   C:1219   2:894
729. BODENSCHATZ, 1599. Eitner 2:81. Also listed   (G:553?)   2:132
     as 1061 below
730. GUERRERO, 1565. Probably the Cantica B. V. M.   C:1219   1:289a
     of 1563: Eitner 4:406; Goovaerts 161
731. LINDNER, 1591. Eitner 6:181; RISM 1591[1]; BUC   --   1:567
     620; DMA 1:1118
732. AICHINGER, 1603. Probably the Vespertinum   C:1219   1:9
     virginis canticum: Eitner 1:69, suppl. 1:841;
     BUC 12
733. H. PRAETORIUS, 1602. Eitner 8:42; BUC 806;   C:1219   2:1119
     Davidsson Impr 391; Wolfenbüttel 353; Wolffheim
     2:1918

cum 4 v. pſalmis pro præcipuis feſtivitatibus, qui octo vocibus modulantur. Rom. 1591 in fol. magno regal.

Valentini Schrechii Hexaſticorum & Hymnorum, præcipuas Lectionum Evangelicarum in Eccleſia uſitatarum doctrinas & uſum complectentium, libri tres, cum annotatis, in fine XXII. carminum generibus. Dantiſci. 1578. in 8.

Wolffgangi Berchzaimeri ſacrorum Hymnorum modulationes, à 4. 5. 6. vocibus. Monabhii. 1564. in 4.

Wolffgangi Figuli Hymni ſacri & Scholaſtici cum melodiis & numeris muſicis collecti & aucti ſtudio & operâ Friderici Firck. Adjectæ ſunt in fine piæ aliquot diverſorum autorum cantilenæ. Lipſ. 5875. in 4.

Magnificat.

Chriſtoph. Demantii magnificat, ad 8. tonos uſitatos & duodecim modos muſices 4. 5. & 6. voc. Francof. ap. Steinium.

Chriſtoph. Moralis aliorumque excellentium Virorum magnificat, omni tonum cum 4 vocibus in ampliſſima forma & magno charactere impreſſum. Venet. 1562. fol.

Conradii Hagii canticum Virginis intemeratæ 4. 5. &. 6. vocum. Dihingæ 1606. A in 4.

Eduardi Lupi Luſitani canticum B. Mariæ Virginis, vulgò Magnificat, quaternis vocibus. Ant. 1605. in folio regali.

Erhardi Bodenſchatz Magnificat ſampt dem Benedicamus/ auff die zwölff modos muſicales mit vier Stimmen geſetzt/ Leipzig/ 1599. in 4.

Franciſci Guerreni Magnificat 4. voc. Lovan. 1565. fol.

Friderici Lindneri Magnificat 4. & 5. voc. à diverſis muſicis compoſitum. Norimb. 1591. fol.

Gregorii Achingeri Magnificat quinque vocum variè modulatum. Auguſt. 1603. A. in 4.

Hieronymi Prætorii Magnificat octo vocum, ſuper octo tonos conſuetos, cum motetis aliquot octo & duodecim vocum. Hamburgi. 1602. A. in 4.

Hymn.

Hymn. Hippolyti Sabini B. Mariæ chorus I. cum quatuor vocibus. Venet. 1584. in 4.

Jacobi Hasleri Magnificat octo tonorum 4. vocum. Missa
6. vocum. & Psalmus 51. octo vocum. Norimb. 1601. V. in 4.

Jacobi Reineri Magnificat diecies octonis vocibus ad 8.
modos Musicos compositum una cum duplici Antiphona Salve
Regina, totidem vocibus. Francof. 1604. 4.

Jacobi Schedlichii Magnificat & intonationes precum vespertinarum per octo usitatos tonos, 4. vocib. expressæ. Lipsiæ.
1613. A. in 4. ap. Voigt.

Joach. Legneri Magnificat, secundum octo vulgares tonos 4. vocum. Norib 1578. 4.

Joan. Baptistæ Lumbardi canticorum B. Mariæ Virginis.
lib I. Romæ 1587. 4.

Joannis Baptistæ Pinelli Magnificat juxta octo tonos, &
simul alii peregrini Toni 4. & 5. vocum cum quibusdam novis
Benedicamus. Dresdæ 1583.

Joann Stadelmairi canticum B. Mariæ 5. 6. 7. & 8. vocum.
Augustæ. 1603. A. in 16.

Leonhardi Lechneri B Mariæ Virginis canticum, quod vulgò Magnifiat inscribitur secundum octo vulgares Tonos, quat.
vocum. Norimb. 1578. in 4.

Ludovici Ruschardi Magnificat octo tonorum 6. vocum.
Ibidem 1605. V. in 4.

Magnificat octo Tonorum diversorum excellentissimo-
rumauctorum 4. 5. 6. 7. 8. & 12. vocum. Casparo Heslero Colle-
ctore. Ibid. 1600. A. 1608. V. in 4.

Magnificat 5. 4. vocibus secundum octo vulgares Musicæ
modus, à diversis nostræ ætatis Musicis compositum. ibid. 1585.
in fol & Francof. ap Steinium.

Melchioris Vulpii canticum B. Virginis Mariæ. 4. 5. 6. &
plur. vocum. Jenæ. 1606. 4.

Michaelis Hererii canticum B. Virginis Mariæ 6. vocum.
Augustæ. 1605. V.

Orlandi di Lasso. Magnificat. Vide opera supra.

Petri

734. SABINO, 1583 (not 1584). Eitner 8:376	C:1220	1:838
735. J. HASSLER, 1601. Eitner 5:45; BUC 454	C:1219	1:361
736. REINER, 1604. Eitner 8:179	(C:1219)	1:802
737. SCHEDLICH, 1613. Eitner 8:473	(Late)	2:1305
*738. LEGNER, 1578. Unlocated; possibly the same as 742 below, although Gerber identifies the two separately	C:1219	--
739. LAMBARDI, 1586 (not 1587). Title begins Sacra cantica B. V. Maria: Eitner 6:22. Printed in Venice, not Rome	C:1219	--
740. PINELLO, 1583. Title begins Deutsche Magnificat: Eitner 7:452. Also listed as 1062 below	C:1219	1:746
741. STADLMAYR, 1603. Printed by Adam Berg in Munich, not in Augsburg: Eitner 9:245	C:1220	2:1487
742. LECHNER, 1578. Eitner 6:99; DMA 2:130	--	1:541
743. RUSCHARDUS, 1604 (not 1605). Eitner 8:364; BUC 907	C:1220	2:1271
744. [K. HASSLER], Magnificat, 1600. Eitner 5:328, suppl. 2:120	--	1:1061
745. --, 1608. Eitner suppl. 2:121	--	1:1072?
*746. --. Magnificat, 1585. Unlocated. The imprint is suspicious. Stein is not named in any known music imprints before 1602. Draudius adds Nuremberg to the imprint; other Magnificat settings were occasionally published there, but to my knowledge none in Frankfurt	C:1219	--
747. VULPIUS, 1605 (not 1606). Eitner 10:142; BUC 1051	C:1220	2:1622
748. LANGREDER, 1602 (not 1605). Printed by Nenninger in Passau: Eitner 5:125, 6:44; BUC 594	C:1219	(2:705)

LASSUS. See 95-97 above

749. PALESTRINA, 1591 (not 1592). Printed by Gardano in Rome, not Venice: Eitner 7:298; Gaspari 2:285	C:1219	1:695
*750. V. OTTO, 1609. Unlocated; cf. Eitner 7:262	C:1219	2:1036
751. BURGDORFF, 1581 (not 1582). Eitner 2:241	C:1219	1:87

THRENI JEREMIAE

752. LUYTON, 1603. Eitner 6:257	C:1216	1:604
753. MORALES, 1564. Eitner 7:54; Gaspari 2:276; Upsala 157 (Rampazetto or Gardane?)	C:1216	1:659
754. CONTINO, 1565. For 1561 edition see Eitner 3:38; Gaspari 2:208; Wolffheim 2:1744	C:1216	1:142
755. --, 1588. Eitner 3:38; Gaspari 2:208	C:1216	--
756. NASCO, 1564. Eitner 7:146; Gaspari 2:279	C:1216	1:671
757. PALESTRINA, 1588 (not 1585). Printed by Gardano in Rome, not Venice: Eitner 7:298; BUC 758	C:1216	--
758. --, 1589. Eitner 7:298; Wolfenbüttel 330	C:1216	1:693
759. LASSUS, 1585. Same as 124 above, q. v.	--	--

PSALMI POENITENTIALES

760. UTENDAL, 1570. Eitner 10:15; BUC 1030; DMA 1:257	C:1233	1:936
761. SCHWAIGER, 1588. Eitner 9:104; BUC 935. Cf. 766 below	C:1233	1:867
762. REINER, 1586. Eitner 8:179; DMA 1:1845	C:1233	1:793
763. CROCE, 1599. Eitner 3:108; BUC 239	C:1232	1:154
764. LAMBERTINI, 1569. Eitner 6:25; Davidsson Impr 280	C:1232	--

Petri Aloyſii Magnificat octo tonorum. Venetiis. 1592.

Valerii Othonis Muſa Jeſſæa, glorioſa Virgine Maria in ſuo cantico præcinente, quinque vocibus ad octonos modos expreſſa. Lipſiæ. 1609. V. fol.

Zachariæ Burgdorffii Magnificat quinque vocibus per 8. tonos compoſitum. Magdeburg. 1582. in 4.

Threni Jeremiæ.

Caroli Luython opus Muſicum in lamentationes Hieremiæ Prophetæ. Pragæ 1603.

Chriſtophorii Moralis Lamentationes Hieremiæ. 4. 5. & 6. vocum. Venet. 1564. 4.

Joannis Contini Threni Hieremiæ, cum reliquis ad hebdomadæ ſanctæ officium pertinentibus. 4. vocum. ibidem 1565. 4. Brixiæ. 1588.

Joannis Naſci lamentationes Hieremiæ ad æquales, cum Paſſione & Benedictus 4. vocum. Venetiis 1564.

Ioannis Petri Aloyſii Lamentationes Hieremiæ 4. vocum. Ibid. 1585. 4.

Lamentationes Hieremiæ quatuor vocum. ibid. 1589.

Orlandi di Laſſi theatrum Hieremiæ Prophetæ lamentationes & aliæ piæ cantiones, quinque vocum. Monachii 1585. 4.

Pſalmi Pœnitentiales.

Alexandri Utendal. ſeptem Pſalmi Pœnitentiales, adjunctis ex Prophetarum ſcriptis orationibus ejusdem argumenti 5. ad Decachordi modos duodecim Norimbergæ 1570. in 4.

Georgii Schwaigeri ſeptem Pſalmi pœnitentiales, 5. voc. Monachii 1588. in 4.

Jacobi Reineri cantiones piæ, ſeptem Pſalmi pœnitentiales, tribus vocibus debito ordine concinnati. Ibid. 1586. in 4.

Ioannis Crocis ſeptem Pſalmi pœnitentiales modulati. Norimb. 1599. in 4.

Ioannis Thomæ Lambertini ſeptem Pſalmi pœnitentiales 4 vocum. Venet. 1569. 4.

Leon-

Leonhardi Lechneri septem Psalmi pœnitentiales, 6. vocum. Norimb. 1587 4.

Psalmi pœnitentiales quinque voc. Monachii. 1588.

Litaniæ.

Fasciculus sacrarum Litaniarum, ex sanctis scripturis & Patribus. Monachii. 1603. in 8.

Georgii Victorini Thesaurus Litaniarum, quæ ab excellentibus hac ætate musicis, tum in laudem sanctissimi Nominis Jesu, tum etiam in honorem Deiparæ Virginis & Sanctorum Dei, 4. 5. 6. 7. 8. & 10. vocibus compositæ, ad communem usum Ecclesiarum collectæ. Monach. 1595. in 4.

Litaniarum Thesaurus, 4. 5. & 6. voc. ibid. 1596. in 4. apud Berg.

Moralia.

Apophtegmata metrica de moribus, 4. voc. in 4. apud Georg. Willerum.

Georgii Rorberi Disticha Moralia ad duas, item Benedictiones & Gratiarum actiones aliæque sacræ cantilenæ, 4. vocum fugis concinnatæ Norimb, 1599. in 4.

Jacobi Handelii libri III. Harmoniarum moralium, 4. vocum, quibus heroica, facetiæ, naturalia, quodlibetica, tum facta fictaque Poetica &c. admixta sunt. Pragæ. 1591. in 4. Norimbergæ. 1596.

Joachimi à Burck Decades quatuor sententiosorum versuum celebrium virorum Germaniæ, Musicis Harmoniis accommodatæ. 1567. in 8.

Joan. Mayer Apophtegmata metrica de moribus, 4. vocib. expressa. Augustæ. 1601. in 4.

Madrigalia.

Alexandri Striggii madrigalium liber I. vocum V. Venet. 1566.. Et alius 6. vocum, ibidem.

Andreæ Gabrieli madrigalia 5. voc. ibid. & 5. ac 6. voc. cum
Di alogo

765. LECHNER, 1587. Eitner 6:99; DMA 1:136;   C:1233   1:546
     Wolfenbüttel 258
766. PSALMI, 1588. Probably either the Lassus   C:1232   --
     Teutsche Psalmen, RISM 1588^{12}, or Schwaiger,
     761 above

LITANIAE

*767. FASCICULUS, 1603. Unidentified   C:1216   1:1065
768. VICTORINUS, 1595. Same as 359 above, q. v.   C:1216   --
*769. LITANIARUM, 1596. Unidentified; possibly part   C:1216   --
     of or extracted from Victorinus above

MORALIA

770. APOPHTEGMATA. Probably the same as 775   C:1223   --
     below, q. v.
771. KÖRBER, 1599. Same as 205 above, q. v.   C:1223   --
772. HANDL, 1589 (not 1591). Eitner 5:14   C:1223   1:322
773. --, 1596. Probably the same as 408 above, q. v.   --   --
774. BURCK, 1567. Same as 239 above, q. v.   C:1223   --
775. MEYER, 1601. Printed by Heinrich in Munich: C:1223   1:638
     Eitner 6:399. Cf. 770 above

MADRIGALIA

776. STRIGGIO. Madrigalia ... 5 vocum, 1566.   C:1218   1:902
     Eitner 9:311; RISM 1566^{21}; BUC 986; Gaspari
     3:173; Vogel 17 (cf. 18, however)
777. --. Madrigalia ... 6 vocum, [1566]. Eitner   C:1218   --
     9:311; RISM 1566^{19}; BUC 986; Vogel 3
778. GABRIELI. Madrigalia ... 5 voc. [Libro 1],   C:1217   --
     1572. Eitner 4:112; Gaspari 3:72; Vogel 2
779. --. Madrigalia ... 5 ac 6 voc. [Libro 2], 1572.   C:1217   --
     Eitner 4:112; BUC 356; Vogel 11

780. GABRIELI, 1575. Eitner 4:112; Vogel 17	C:1217	--
781. ROTA, 1579. Eitner 8:329; Gaspari 3:164; Vogel 1	C:1218	1:835
782. STABILE and NANINO, 1581. Eitner 7:141; RISM 1581[10]; BUC 723; Huys 320; Vogel (G. M. Nanino) 4	C:1218	--
783. ARNOLDUS FLANDRUS, 1608. Bucher Meltzer 24	C:1217	2:482
784. PACELLI. Liber 1, (1601). Eitner 7:270; Gaspari 3:140; Vogel	C:1218	--
*785. --. Liber 2. Unlocated; Göhler locates 1609 citation	C:1218	2:1042
786. AGAZZARI, 1600. Eitner 1:50; Goovaerts 368; BUC 8; Vogel 2	C:1216	2:4
787. DONATO, 1557 (not 1567). Eitner 3:229; Gaspari 3:66; Vogel 2	C:1217	1:170
788. SPONTONI, 1567. Eitner 9:234; Gaspari 3:172; Vogel 2	C:1217	1:877
789. BERTOLDO, (1561-1562). Eitner 2:7; Gaspari 3:49; Vogel (Bertholdo) 1-2	C:1216	--
790. LUPACCHINO, (1547). Eitner 6:250; BUC 636; Gaspari 3:92; Vogel 1	C:1217	--
791. ZANOTTI, 1590. Eitner 10:329; BUC 1100; Vogel 1	C:1219	1:1025
792. LUYTON, (1582). Eitner 6:257; Vogel	C:1217	1:602
793. MERULO, 1566. Eitner 6:447; BUC 671; Vogel 1	C:1217	1:147
794. VERDONCK, 1603 (not 1604). Eitner 10:61; Goovaerts 392; BUC 1038; Vogel (Verdonch)	C:1219	1:974
795. RORE, 1562. (Libro 2 only): Eitner 8:306; RISM 1562[20]; Huys 380; Vogel 13	C:1218	--
796. --, 1565. For some possibilities see Eitner 8:306-7	C:1218	1:820
797. MAGIELLO, 1567. Eitner 6:275; Vogel 1	C:1218	1:612
798. BONARDO, 1565. Eitner 2:107; Vogel (F. Bonardo)	C:1217	--
799. LINDNER. Liber 1, 1588. Same as 197 above, q. v.	C:1217	--
800. --. Liber 2, 1589 (not 1588). Included in 198 above, q. v.	C:1217	--
801. --. Liber 3, 1590. Same as 198 above, q. v.	C:1217	--
802. MARTINENGO, (1544). Eitner 6:352; Vogel 2	C:1218	--
803. TESTORI, 1566. Eitner 9:386; BUC 1002; Vogel (Textoris)	C:1218	1:920
804. [PEVERNAGE]. Harmonia coelestis, 1593. Eitner 7:401; RISM 1593[4]; Goovaerts 324; BUC 777; Huys 336. See also 448 above	C:1216	1:720
805. SABINO, 1579 (not 1584). Eitner 8:376; Vogel 1	C:1218	1:837
806. NAICH. Probably the Exercitium seraficum, printed by Blado in Rome, undated: Eitner 7:137; Vogel	C:1218	--
807. ARCHADELT, 1575. Eitner 1:86; RISM 1575[13]	C:1216	(1:36)

Dialogo 8 vocum. Norimb. 1571. madrigalia 3. vocum. ibid. 1575.

Andreæ Rotæ madrigalia 5. voc. Venet. 1579. in 4.

Annibalis Stabilis & joan. Matiæ Nanni madrigalia 5. voc. ibidem. 1581.

Arnoldi Flandri madrigalia 5. vocum. Dilingæ. 1608. in 4.

Aspricilii Macelli madrigalium liber 1. 4 vocum. Et lib. II. 5. vocum. Francof.

Augustino Agazzari madrigali harmoniosi & delettrevoli à sei voci, Anversa apresso Pietro Phalesio ap. Bell. 1600. in 4.

Balthasaris Donati madrigalia 6. & 7. voc. Venet. 1567. in 4.

Bartholomæi Spontoni liber secundus madrigalium, 5. vocum. ibid. 1567. 4.

Bertholdi madrigalia quinque vocum. ibidem.

Bernardini Lupacchini madrigalia quinque voc. ibid. in 4.

Capilli Zanothi madrigalia tam Italica quàm Latina, 5. & 12. vocum. Norimb. 1590.

Caroli Luyton madrigalia. Venet. in 4.

Claudii Corregii madrigalia, 5. voc. ibid. 1566 in 4.

Cornelii Verdungii madrigalia 6. voc. ibid. 1604. in 4.

Cypriani de Rota madrigalium libri 5. vocum. ibid. 1562, 1565. 4. Ital.

Dominici Magielli liber primus madrigalium, 5. vocum. ibidem. 1567. in 4.

Francisci Bonardi madrigalia 4. 5. & 6. voc. ibid. 1565.

Friderici Lindneri gemma musicalis, selectiss. varii styli cantiones, vulgò Italis madrigali & Neapolitane dicuntur, 4. 5. 6. & plurium vocum continens, lib. 1. Norimb. 1588. in 4. Lib. 11. ibid. 1588. in 4. Lib. 111. ibid. 1590. in 4.

Gabrielis Mattinengi madrigalia 4. voc. Venet.

Guilielmi Textoris madrigalia 5. voc. ibid. 1566.

Harmonia cœlestis 4. 5. 6. 7. & 8. voc. Sunt a. madrigalia excellentiora. Ant. 1593. 6.

Hippolyti Sabini madrigalia 6. voc. Venet. 1584. & Franc.

Huberti Naich madrigalia 4. & 6. voc. Venet.

Jacobi Archadet madrigalia 4. voc. ibid. 1575. in 4.

Leon.

Leon..Baptiſtæ Conforti Madrigalia 5. voc. Venet. 1567. 4
Ioann.Baptiſtæ Pinelli Madrigalia.Dresdæ. in 4.
Ioan. de Caſtro Madrigalia & cantiones.Antverp. 1569 4.
Lovanii 1576. in 4.
Ioan. Daquonei Madrigalia 4. voc. Ant. 1594. in 4.
Ioan. Leonardi Primavera Madrigalia 5.&6.voc. Ven.1565.
Joan. Marencii Madrigalia 6. vocum. ibid. 1581. Et eorun-
dem. lib. 11. 5. vocum ibidem.1580. 1590. Ant. 1593. 1595. in 4.
Ioann. Rudenſi flores Muſicæ, Madrigalia cum variis Pa-
vanis, intradis, Fantaſiis, & choreis Lipſiæ.1600. in fol.
Iordani Paſſeti Madrigalium pari voce liber. Venet.
Iulius Bonagionta ex variis collegit Madrigalia 4. & 5.voc.
ibid. 1566. 4.
Iulii Freſci Madrigalia 5.voc. ibid.1567. Et alia 4.5 . & 6. vocum
& duo Dialogi 7. voc. Et alii duo 8. vocum cum duobus Dialo-
gis 7. voc. Venetiis 1567. in 4. liber II. Madrigalium 5. vocum,
Ibidem. 1567. in 4.
Iulii Zenari Madrigalia 3. voc. ibidem. 1589. 1590.
Lucæ Marenzii Madrigalia ſpiritualia 5. voc. Ant. 1610. 4.
Et alia 5. 6. 8. 9· & 10. vocum. Norimb. 1610. 4.
Madrigalia diverſorum autorum, libri tres 3. vocum Ital.
Venet. 1568. 4.
Madrigalia diverſorum excellentiſſ. autorum per Iulium
Bonagion edita. 4. & 5. vocum, duo libri. Ibid, 1566. in 4.
Madrigalia diverſorum præſtantium Muſicorum 8. voc.
cum Dialogis aliquot & Echo ad duos choros Antverp. 1596. 4.
Madrigalium excellentiſſimorum Muſicorum Corona.
Venet.1579. 4 .Ital.
Madrigalia quinque vocum. ibidem, 1593. 4.
Madrigale Paſtorale à ſex vocibus. Antverp. 1605.
Madrigalia Ferrarienſium Muſicorum 5. vocum, Venet.
1593, in 4.
Magdalenæ Caſulanæ Madrigalia 4. voc. ibid. 1565.
Noé Faigment Madrigalia & Mottetæ 4.5. & 6. vocum.
Antverpiæ. 1569.

Ejusdem

808.	CONFORTI, 1567. Eitner 3:27; Vogel	C:1217	1:136
809.	PINELLO. Possibly the Nawe kurtzweilige ... Lieder of 1584: cf. 270 above and 1186 below	C:1218	(1:749)
810.	CASTRO, 1569. Eitner 2:364; Upsala 301; Vogel 4	C:1217	1:106
811.	--, 1570. Eitner suppl. 3:187; Upsala 302; Vogel 2	C:1217	1:107
*812.	DAQUONEUS, 1594. Unlocated; cf. Eitner 3:146	C:1217	--
813.	PRIMAVERA, 1565. Eitner 8:67; RISM 1565[16]; BUC 810; Vogel 1		
814.	MARENZIO, 1581. Eitner 6:321; Gaspari 3:97; Vogel 1	C:1218	--
815.	--. Libro 2, 1581 (not 1580). Eitner 6:321; BUC 651; Vogel 33	C:1218	--
*816.	--, 1590. Unlocated	C:1218	--
817.	--, 1593. Eitner 6:323; BUC 651; Vogel 50	C:1218	--
*818.	--, 1595. Unlocated	C:1218	--
819.	RUDE, 1600. Libro 1-2. Printed in Heidelberg, not Leipzig: Eitner 8:348; RISM 1600[5a-6]; DMA 1:659-60; Wolfenbüttel 592. Also listed as 919 below	C:1218, C:1233	1:836
820.	PASSETTO, (1541). Eitner 7:331; Vogel	C:1218	--
821.	BONAGIUNTA, 1566. Title begins Il desiderio: Eitner 2:106; RISM 1566[2-3]; BUC 121; Davidsson Impr 143. Also listed as 830 below	C:1217	1:65
822.	FIESCO, 1567. Possibly the Musica nova of 1569: Eitner 3:442; Vogel 1. See also 5 above	C:1217	1:215
*823.	--. ... et alia ..., 1567. Unlocated: 2 titles intermixed?	C:1217	--
824.	--. Libro 2, 1567. Eitner 3:441; Gaspari 3:69; Vogel 2	--	--
825.	ZENARO, 1589. Eitner 10:341; Vogel 1	C:1219	1:1031
826.	--, 1590. Title begins Madrigali spirituali: Eitner 10:341; Vogel 2	C:1219	1:1032
827.	MARENZIO, Antwerp 1610. Eitner 6:332; BUC 652; Davidsson Impr 326; Vogel 71	C:1218	--
828.	--, Nuremberg 1610. Eitner 6:332; Vogel 70	C:1218	1:627
829.	MADRIGALIA, 1568. Probably the Libro 1[-3] delle muse of 1562: Eitner 9:122, 10:264; RISM 1562[8-9]; Vogel 4	(C:1216?)	(1:1234)
830.	--, 1566. Same as 821 above, q. v.	--	--
831.	--, 1596. RISM 1596[8]; Goovaerts 342; BUC 642	C:1216	1:1246
832.	[MOSTO]. Madrigalium, 1579. Eitner 7:82; RISM 1579[2]; BUC 693	--	(1:1236)
*833.	MADRIGALIA, 1593. Unidentified thus	C:1216	1:1241?
834.	MADRIGALIA PASTORALE, 1604 (not 1605). RISM 1604[10]; Goovaerts 398; BUC 642	C:1216	1:1258
835.	MADRIGALIA, 1593. Probably the Giardino de musici ferrarese of 1591: RISM 1591[9]	C:1216	(1:1242)
836.	CASULANA (i. e., Mezari), 1568 (not 1565). Eitner 6:459; Vogel 2	C:1217	--
837.	FAIGNIENT, 1568 (not 1569). Eitner 3:382	C:1217	1:203

*838. FAIGNIENT, 1595. Unlocated; cf. Eitner 3:382	C:1217	1:204
839. NOVI FRUTTI, 1610. RISM 1610^{14}; Goovaerts 449;	C:1217	1:1266
BUC 734		
LASSUS. See 87-88 above		
840. TAGLIA, 1555. Eitner 9:344; Donà 45; Vogel 3	C:1218	--
841. VINCI, 1565. For editions dated 1563, 1564, and	C:1219	1:989
1566 see Eitner 10:97; Vogel 6-8		
842. MONTE. Libro 1, (1569). Eitner 7:38; Vogel 3	C:1218	--
843. --. Libro 2, 1576. Eitner 7:38; BUC 686; Vogel 10	C:1218	--
844. --. Libro 3, 1576. Eitner 7:38, suppl. 2:843;	C:1218	--
Vogel 12		
845. --. Libro 4, 1580 (not 1578). Eitner 7:38; BUC	C:1218	--
686; Huys 312; Vogel 14		
846. --. Libro 7, 1591 (not 1578). Eitner 7:38; Vogel 19	C:1218	--
847. --. Libro 2, 1567. Eitner 7:38; Vogel 26	C:1218	1:652
*848. R. GIOVANELLI, 1592. This edition unlocated;	C:1217	1:279
cf. Eitner 4:261		
*849. FELIS, 1584. Extant only in new edition of 1585:	C:1217	1:210
Eitner 3:409; Vogel 2		
850. ROSSETTO, 1566. Eitner 8:320; BUC 903; Vogel 1	C:1218	1:827
851. --, 1573. Same as 647 above, q. v.	C:1218	--
852. --, 1567. Title begins Il lamento di Olimpia:	C:1218	1:828
Eitner 8:320; BUC 903; Vogel 5		
*853. BRICCI, 1567. Unlocated; cf. Eitner 2:190	C:1217	--
*854. --. Libro 2. Unlocated; cf. Eitner 2:190	C:1217	--
855. VERDELOT, 1566. Eitner 10:58; RISM 1566^{22};	C:1219	1:972
BUC 1038; Vogel 15		
856. BASTINI, 1567. Eitner 1:371; Upsala 293; Vogel 1	C:1216	1:55
*857. BELL'HAVER, 1567. Unlocated; cf. Eitner 1:423	C:1217	1:58

NUPTUALIA

858. SCANDELLO, &c., 1568. Eitner 3:443, 4:207,	C:1229	1:846
8:448; RISM 1568^{21}; BUC 318; DMA 1:723;		
Davidsson Impr 163		
859. PALLADIUS, 1590. Eitner 7:300; BUC 760	C:1229	1:705
860. LECHNER, 1582. DMA 2:131(?)	C:1229	1:543

BICINIA

861. GARDANO, 1564. Title begins Il 1. libro de	C:1203	1:235
canzoni francese: Eitner 4:150; RISM 1564^{13}		
862. [LINDNER]. Bicinia sacra, 1591. Eitner 6:181;	C:1203	1:566
RISM 1591^{27}; Brown 1591$_7$. Also listed as 868 below		

Ejusdem madrigalia 4. 5. & 8. vocum. ibid. 1595.

Novi Frutti Musicali madrigali à cinque voci, di diversi excellentissimi Musici. Francof. 1610. 4.

Orlandi di Lassi Madrigal. 4. 5. & 6. voc. ibid. Vide opera.

Petri Tangliæ Madrigalia 4. vocum. Mediolani. 1555.

Petri Vingii Madrigalia 5. vocum. Venet. 1565. in 4. Ital.

Philippi de monte Madrigalium libri tres, 6. vocum. ibid. 1576. Et libri 4. ibidem. & libri 7. ibid. 1578. lib. 11. Madrig. 5. voc. ibid. 1567. in 4.

Rugeri Joannelli Madrigalia quinque vocum. ibid. 1592. in 4. Ital.

Stephani Felis Madrigalia quinque vocum. ibid. 1584. 4.

Stephani Resserti Madrigalia 6. vocum. ibid. 1566. cantiones sacræ 5. & 6. vocum. Nor. 1573. Madrigalia 5. voc. Ven. 1567.

Theodorici Briccii lib. I. Madrigalium 5. vocum. ibidem. 1567. in 8.

Eorundem lib. 11. 6. 7. & 12. vocum. ibid.

Ver de Lotti Madrigalia 4. vocum ibidem. 1566. 4.

Vincentii Bastini liber I. Madrigalium, 6. vocum ibidem. 1567. in 4.

Vincentii Bell. Haueri liber I. Madrigalium, 5. 6. vocum ibidem. 1567. in 4.

Nuptialia.

Antonii Scandelli, Matthæi Le Maistro, Erasmi de Gleni & Joan. Wessalii Epithalamia. Norimb. 1568. 4.

Davidis Palladii cantiones nuptiales 4. 5. 6. & 7. vocum. Witeb. 1590. in 4.

Leonhardi Lechneri Epithalamium 24. vocibus cantatum. Norimb. 1582.

Bicinia.

Antonii Gardani Bicinia, Gallicè. Venet, 1564. ap. Hieronymum Scotum.

Bicinia sacra, ex variis autoribus collecta. Norimb. 1591.

F f   Bicinia

Bicinia ex variis præclaris hujus ætatis autoribus collectæ. Ant. 1590. 1602. in 4.

Bicinia Gallicè ,Latinè & Germanicè. Witeb. Lovanii &. Ant. 1571. in 4.

Biciniorum libri duo, quorum prior 70. continet ad sententias Evangeliorum anniversariorum à Setho Calvisio Musieo decantata. Posterior nonaginta cum & sine textu, à præstantissimis Musicis concinnata. Lipsiæ. 1612. V. in 4.

Frid. Lindneri Bicinia sacra ex variis autoribus. Norimb. 1591. Ln. & German.

Georgii Corberi disticha moralia ad duas voces. Item sacræ cantiones quatuor vocum fugis concinnatæ. Norimb. in 4. & Francof. in 4.

Joannis de Castro Bicinia sacra. Coloniæ. 1593. in 4.

Tricinia.

Adriani Wigliær, Cypriani de Rore, Archadelt, & Joannis Gero, cantiones trium vocum, aliaque Madrigalia trisona diverforum autorum. Venet. 1565. in 4.

Balduini Hoyoul Tricinia facra. Norimbergæ. 1590.

Bernardi Klingenstein Triodia sacra ; l. 1. Dil. 1605. A. in 4.

Cantiones Gallicæ trium vocum, tribus literis compræhensæ. Lovaniæ. 1569. in 4.

Christiani Hollandi Triciniorum fasciculus, editus operâ Polcheri Schwandorffensis. Monachii. 1573. in 4.

Gerardi à Tornhout Tricinia sacrarum ac aliarum cantionum. Lovanii. 1569. in 4.

Gregorii Aichingeri divinæ laudes ex floridis Jacobi Pontani excerptæ, trium vocum. Augustæ. 1601. in 4.

Ejusdem Tricinia Mariana, quibus Antiphonæ, Hymni, Magnificat, Litaniæ & variæ laudes ex officio beatæ Virginis decantantur. Oeniponti. 1598. in 4.

Gregorii Schmitzkii moduli omnes ternarium in se continentes, tribus vocibus concinnati. Francof. 1612. A. in 4.

Jacobi Floris modulorum aliquot tàm sacrorm quàm
propha-

863. BICINIA, 1590. RISM 1590^{19}; Goovaerts 304; Brown 1590_{12}; Sartori 1590e	(C:1203)	1:1051
*864. --, 1602. Unlocated; cf. Bötticher 1600/10 (dated 1600?)	(C:1203)	1:1063
865. --, Wittenberg [1545]. Eitner 8:205; RISM 1545_{6}-7; BUC 887; DMA 1:1098-99	C:1203	--
866. --, 1571. Title begins Liber musicus: RISM 1571^{15}; Goovaerts 211	C:1203	(1:1041)
867. [CALVISIUS]. Biciniorum, 1612. Eitner 2:287	(Late)	1:94
868. LINDNER, 1591. Same as 862 above, q. v.	C:1203	--
869. KÖRBER, [1599]. Same as 205 above, q. v.	C:1203	--
870. CASTRO, 1593. Eitner 2:363	C:1203	1:124

TRICINIA

871. WILLAERT, &c., 1565. An unlocated edition of Gero's Il 1. libro de madrigali italiani: Eitner 4:209; Vogel (Gero) 7ff. Possibly the edition of 1562: BUC 371; Vogel (Gero) 11	C:1235	(1:1009)
872. HOYOUL, 1589 (not 1590). Title begins Geistliche Lieder und Psalmen: Eitner 5:216. Also listed as 954 and 1098 below	C:1235	1:409
873. KLINGENSTEIN, 1605. Same as 158 above, q. v.	C:1235	--
874. CANTIONES GALLICAE, 1569. Probably the Clemens non Papa Recueils des fleurs, 180 above, q. v.	C:1234	--
875. HOLLANDER, 1573. Eitner 5:189; BUC 489; DMA 1:1011	C:1235	1:406
876. TURNHOUT, 1569. Eitner 9:476; Goovaerts 191	C:1235	(1:1038)
877. AICHINGER, 1602. Eitner 1:68, suppl. 1:831	C:1234	1:6
878. --, 1598. Eitner 1:69; DMA 1:1787	C:1234	1:4
879. SCHNITZKE, 1612. Title begins Sacrorum modulorum: Eitner 9:56; Samecka 192. Printed in Danzig, not Frankfurt	(Late)	2:1368
*880. FLORIUS, 1573. Unlocated; cf. Eitner 4:8	C:1234	1:221

881. FAVOREO, 1593. Probably the Canzonette napolitane ... libro 1: Eitner 3:399	C:1234	1:205
*882. PICCIOLI, 1593. Unlocated; for 1588 edition see Eitner 7:437; Vogel	C:1235	1:744
883. TOLLIUS (i. e. , Amorfort), 1597. Eitner 9:419; DMA 1:1489	C:1234	1:922
884. CASTRO, 1574 (not 1575). Same as 245 above, q. v.	C:1234	--
885. --, 1593. Title begins Cantiones aliquot sacrae: Eitner 2:363	C:1234	(1:111)
886. --, 1574. Title begins La fleur des chansons: RISM 1574^3; Goovaerts 230	--	1:109
887. GERO, 1570. Eitner 4:209; Vogel 5	C:1234	--
888. KUGELMANN, (1540). Eitner 5:470; RISM 1540^8; Zahn 60	C:1235	--
*889. MOYNI, 1567. Unlocated. The closest possibility is Matthäus Le Maistre's Schöne und ausserlesene ... Gesenge, printed by Gimel Berg in Dresden in 1577: Eitner 6:127; DMA 1:1036	C:1235	--
890. MAIO (i. e. , Thomas), 1546. Title begins Canzon villanesche: Eitner 6:282; Wolfenbüttel 275; Vogel	C:1235	--
891. BONAGIUNTA, 1565 (not 1562). Eitner 2:106; RISM 1565^{12}; BUC 121; Davidsson Impr 94; Vogel 1	C:1234	1:64
892. DEDEKIND, 1588. Title begins (in Greek) Dodekatonon: Eitner 3:161; RISM 1588^{30}; BUC 259. Also listed as 1105 below	C:1234	1:164
893. LECHNER, 1586. Title begins Newe teutsche Lieder: Eitner 6:99; DMA 1:1844. Cf. 1219 below	C:1235	1:776
894. PRIMAVERA, 1565. Title begins Canzone napolitane: Eitner 8:67; RISM 1565^{17}; Davidsson Impr 95; Gaspari 3:252; Vogel 6	C:1235	(1:758-60)
895. MARENZIO, 1610. Printed by Phalèse in Antwerp, not in Venice: Eitner 6:325; RISM 1610^{16}; BUC 650; Huys 287; Vogel 107	C:1235	1:626
896. ASOLA, 1576. Title begins Vergine a 3 voci: Eitner 1:223; Gaspari 3:23; Vogel 3	C:1234	--
897. CLER'EAU, 1559 or 1566 (not 1556). Title begins Premier livre de chansons, or d'odes de Ronsard: Eitner 2:470; Lesure-Thibault LeRoy-Ballard 56 or 116; BUC 200; Thibault-Perceau 13 or 28	C:1234	--
*898. FABRI, 1607. Unlocated; cf. Eitner 3:375	C:1234	2:443
899. SISTINI, 1608 (not 1609). Eitner 9:185; BUC 955	C:1235	2:1436
900. TRICINIA, 1567. Eitner 4:207; RISM 1567^2; DMA 1:322	C:1234	1:1036
901. --, 1569. Title begins Selectissimarum ... cantionum: RISM 1569$^{4-6}$; Goovaerts 188-90; BUC 695	C:1234	1:1038

prophanorum, cum tribus vocibus liber unus. Lovan. 1573. in 4.
Jannini Faueri Tricinia. Coloniæ. 1595. in 8. Ital.
Joachimi Antonii Piccioli Tricinia. Venet. 1593. in 4. Ital.
Joannis Amorfortii Moduli trium vocum, è sacra Bibliis.
Heidelberg. 1597. in 4.
Joann. de Castro Triciniorum sacrorum liber. Lovanii. 1575.4.
Coloniæ 1593 in 4.
Ejusdem flores cantionum trium voc. Lovan. 1574. Gall.
joannis Geronis cantiones trium vocum. Venet. 1570. ap.
Gardanum.
Joannis Kegelmanni sacri concentus trium voc. August.
Vindelicorum.
Joannis Moyni Cant. sacræ trium voc. Monach. 1567. in 4.
Joannis Thomasi Tricinia. Venet. 1546. apud Gardanum.
Julii Bonagionræ & aliorum cantiones Neapol. & Vene-
tianæ trium vocum, ibid. 1562. 8.
Henning Dedekindi Musici Tricinia. Erphord. 1588. Ger.
Leonhardus Lechnerus Jacobi Regnardi Tricinia dedit 5.
vocibus. Norimb. 1586.
Leonis Primaveræ Tricinia. Venetiis. 1565. in 8.
Lucæ Marentii lib. I. II. III. IV. V. Vilanell. Canzonett.
ac Neapol. trium vocum Venet. 1610. in 4. Ital.
Matthæi à Cola Tricinia. Venetiis. 1576.
Petri à Clereau Tricinia. Parisiis. 1556. in 12.
Stephani Fabri Tricinia sacra juxta 12. modorum seriem
concinnata. Norimb. 1607. in 4.
Theod. Sustini cantiones trium vocum compositæ. Ham-
burgi 1609. V. in 4.
Tricinia sacra ex diversis & probatis autoribus collecta.
Norimb. 1567. in 4.
Tricinia selectiss. sacrarum cantionum ex optimis & præ-
stantissimis quibusque Musicæ autoribus excerpta, tres libri. Lo-
vanii. 1569. in 4.

F f 2   *MUSI-*

MUSICA INSTRUMEN-
TALIS.

Adolphus Weißhan Sylvæ muficalis libri VII. continentes prælndia Phantafias, Balletos Pavanas & Galliardas, Paffa-
mezas, courantes, Violas Branies &c. Adjunctus eft fingulis Ba-
lettis, Pavanis & Galliardis textus harmonicus. Omnia ari incî-
fa. Coloniæ 1603. V. fumptibus autoris in fol.

Adriani Dens Florilegium omnis geueris cantionum fua-
viffimaruw ad ufum teftudinis. Coloniæ 1594. in fol. ap. Gerard,
Greuenbach.

Alberti Ripæ & Valentini Barckfarti Thefaurus Muficus,
continens felectfs. præftantiffimorum Muficorum carmina, ad
ufum teftudinis. Lovanii. 1574. in 4.

Bernardi Fabricii Tabulaturæ organis & inftrumentis in-
fervientes. Argent. 1577. fol.

Bernardi Jobini ad Chelin aptata. ibidem 1573.

Cæfaris Barbetti Paduani novæ tabulæ Muficæ teftitudinæ-
riæ hexachordæ & heptachordæ. 1582.

Cytharæ quam duplum vocant ludendæ ratio Argent. 1575
Eliæ Nicolai Tabulatura organorum. Lipfiæ 1571. Norimbergæ. 1593.

Emanuelis Hadriani novum Pratum Muficum, varia fimul & nova omnis generis tripudia, tum etiam carmina Italica
& Gallica complectens; pro teftudine. Antverpiæ. 1585. in fol.

Gregorii Krengelii tabulatura, continens Madrigalia Motetas, Padanas & Vilianellas, teftudini fic aptatas, ut quilibet
fingulas duplici modo ludere & concinere poffit. Francofurt.
March. 1584. in fol.

Henricus Gallus de inftrumento novo. Erphordiæ. in 8.

Hortulus cytharæ vulgaris; cum brevi introductione. qua
quis fuo marte artem pulfandæ cytharæ facilime addifcere poffit. Antverp. 1592. 4. Ln. &. Gall.

Jacobi Paix tabulatura organi Fiftularum. Lavingæ. 1587.
in folio.

Joach.

MUSICA INSTRUMENTALIS

*902. WEISSHAN, 1603. Unlocated; cf. Eitner 10:220   C:1234   2:1663
903. DENSS, 1594. Eitner 3:177; RISM 1594[19]; DMA   C:1233   1:166
     1:38; Wolfenbüttel 582; Brown 1594[5]
904. RIPPE and BAKFARK, 1574. Eitner suppl. 2:873;   C:1233   1:817
     RISM 1574[12]; Goovaerts 229; BUC 1004; Brown
     1574[7]
905. SCHMID (i.e., Fabricius), 1577. Eitner 9:37;   C:1230   1:852
     RISM 1577[12]; BUC 928; DMA 1:214; Huys 399;
     Brown 1577[6]; Zahn 218. Also listed as 1289 below
906. JOBIN, 1573. Eitner 5:291; RISM 1573[24]; DMA   C:1233   (1:411)
     1:1430; Brown 1573[2]. Included in 1288 below
907. BARBETTA, 1582 (not 1583). Eitner 1:337; RISM   C:1233   1:50
     1582[15]; Brown 1582[1]. Same as 1296 below
908. CYTHARAE, 1575. The Toppel cythar of Sixt   C:1213   1:1304
     Kargel: RISM 1575[18]; Brown 1575[3]. Also listed
     as 936 and 1291 below
909. AMMERBACH (i.e., Nicolai), 1571. Eitner 1:129;   C:1231,   1:677
     RISM 1571[17]; DMA 1:1384; Brown 1571[1]. Also   (G:550)
     listed as 1292 below
910. --, 1583 (not 1593). Eitner 1:129; RISM 1583[22];   C:1231,   1:679
     DMA 1:500, 906; Davidsson Impr 11; Brown   (G:550)
     1583[2]. Also listed as 1293 below
911. ADRIAENSEN, 1592 (not 1585). Eitner 1:44; RISM   C:1233   (1:305-6)
     1592[22]; Brown 1592[6]. The date of 1585 is
     derived from Bolduanus's (mis-) dating of the
     Pratum musicum: cf. 215 and 355 above
912. KRENGEL, 1584. Eitner 5:438; RISM 1584[14];   C:1233   1:433
     Brown 1584[8]
*913. GALLUS. Unlocated; cf. Eitner 4:136   --   --
914. HORTULUS CITHARAE, 1582 (not 1592). RISM   C:1213   1:1290-1
     1582[16]; Brown 1582[5]
*915. PAIX, 1587. Unlocated. Probably Ein Schön ...   C:1214   (1:686)
     Orgel Tabulaturbuch of 1583: Eitner 7:293;
     RISM 1583[23]; BUC 758; DMA 1:1458; Wolfenbüttel
     575; Brown 1583[4]. Also listed as 1295 below

*916. BURCK, 1601. Unlocated; cf. Eitner 2:239-40	C:1234	--
917. BESARDUS, (1603). Eitner 2:15; RISM 1603[15]; BUC 105; DMA 1:13	C:1233	2:109
918. GERLE, 1546. Eitner 4:208; RISM 1546[31]; DMA 1:920; Brown 1546[9]	C:1233	--
919. RUDE, 1600. Same as 819 above, q. v.	C:1233	--
920. WAISSEL, 1573. Eitner 10:156; RISM 1573[27]; Brown 1573[3]	C:1234	1:995
921. --, 1592. For various possibilities see Eitner 10:156; DMA 1:272-73; Brown 1591[13], 1592[12-14]. Also listed as 1297 below	--	1:996
922. NEUSIDLER, 1573. Eitner 7:189; RISM 1573[25]; Wolffheim 1:1205; Brown 1573[1]	C:1233	1:673
*923. --, Venezia 1595. Unlocated; cf. Brown [1595][7]	--	1:674
*924. --, Strassburg 1596 (not 1595). Unlocated; cf. Brown [1596][10]. Also listed as 1298 below	--	1:675
*925. PAULI, 1573. Unlocated; possibly the same as 642 above (See Teghi below, however)	C:1233	1:716
926. TEGHI, 1573. Same as 642 above, q. v.	C:1233	--
*927. VIOLA, 1575. Unlocated; cf. Brown 1575[4]	C:1234	1:992
928. MARESCHALL, 1589 (not 1590). Same as 80 above, q. v.	--	--
929. VREEDEMAN, 1569. Same as 328 above, q. v.	--	--
930. SELECTISSIMA CARMINA, 1570. RISM 1570[35]; Brown 1570[4]	C:1214	1:1284
*931. --, 1573. Unlocated; cf. Brown 1573[7]	C:1214	--
932. [GANASSI], Fontegara (1535). Eitner 4:144; Gregory-Sonneck 104; Brown 1535[1]; Davidsson Th 265	C:1233	--
*933. KARGEL, (1569?). Unlocated; cf. Brown [1569][3]	--	1:414
*934. --, 1569. Unlocated; cf. Brown [1569][4]	C:1213	1:414
935. --, 1580. RISM 1580[13]; Brown 1580[2]	C:1213	--

Joach. von der Burck. Thorida sive cantiones è quàm plu-
rimis nostri ævi Musicorum libris selectæ. Arnhemiæ. 1601. in 4.

Joan Baptistæ Besardi Thesaurus harmonicus, divini Lau-
rentini Romani nec non præstantissim. Musicorum, qui hoc se-
culo in d.versis orbis partibus excellunt selectiss. omnis generis
in testudine modulamina continens. Coloniæ.

Joannis Gerle Musica pro testudine. Norimb. 1546. 4. Germ.

Joannis Rudenii flores Musicæ h. e. suavissimæ & lepidissi.
cantiones Madrigalia vulgus nominat. Heidelbergæ 1600. fol.

Melthæi Waisselii Tabulatura pro testudine continens in-
signes cantiones. Francof. March. 1573. 1592.

Melchiocis Neusidleri Tabulatura, continens præstantissi-
mas cantiones, in usum testudinis, Italicè divulgatas, nunc typis Germanicis redd. tas per Benedictum de Drursiana. ibidem.
1573. Venet. 1595. Argent. 1593. in fol.

Petri Pauli Tabulatura pro testudine. Lovanii. 1573.

Petri Teglii cantionum Gallicarum & Muretorum liber ad
usum Testudinis concinnatus. ibid. 1573. 4.

Raphaelis Violæ carminum pro testudine liber, continens
Phatasias, Motetas Gallicas & Italicas cantiones. ibid. 1571. 4.
Samuelis Mareschalli Porta Musices cum brevi instructione Lo-
vanii artis ludendi in Violis appellatis. Basileæ 1590. Germ.

Sebastiani Vrcedmanni carmina quæ cytharâ pulsantur,
liber II. in quo selectss carmina, ut Passomezi Guliardes, &c.
continentur. 1569. in 4.

Selectissima carmina ludenda in Quinterna, cum tripu-
diis & institutione ad artem eandem. Lovan. 1570. & 1573. & Ant.

Silvestri Fontegi institutio ad testudinem, chelyn, & fistu-
lam. Venet. Ital.

Sixti Kargol Carmina Italica, Gallica & Germanica ludenda cytharâ.

Ejusdem nova & elegantiss. Italica & Gallica carmina pro
testudine. Moguntiæ. 1569.

Renovata cythara. Argent. 1580. Ejusdem renovata cythara, hoc est, novi & commodissimi exercendæ cytharæ modi,
constan-

constantes cantionibus musicis, Passomezo, Podoanis, Gaillar-
dis, Alemanicis & aliis ejusmodi pulchris exemplis ad Tabula-
turam communem redactis. Quibus accessit dilucida in cytharam Isagoge, quo suo marte quilibet eam ludere discat. Argent.
1575. Moguntiæ. 1569 in fol.

Thesaurus musicus Tabulaturæ, vulgaris cytharæ, opti-
mas Phantasias cantionesque musicas pulcherrimas continens.
Lovanii in 4.

Valentini Graffi Pannonii Harmoniarum musicarum, in
usum testudinis pars prima. Argent. 1569.

Vincentii Gallileli Regulæ de tabulatura musica, pro testudine. Venet. 1569. in fol. Ital.

Choreæ.

Balthasaris Donati Villanellæ Neapolitanæ. Venet, 1561.

Adriani Willaert Villanellæ Neapolitanæ. 4. vocum. pars
prima & secunda. Venet.

Balthasaris Fritsch Primitiæ musicales Paduanas & Galiar-
das, quas vocant, plures egregias complectentes. Francofurt.
1606. in 4.

Cantiones Italicæ, quas Paduani Itali vocant, 4. vocum.
Venetiis. 1565. in 4.

Chorearum molliorum collectanea, omnis generis tripudia complectens, utpote Padoanas, Passomezos, Allemandas,
Galliardas, Branles, & id genus alia. Ant. 1583. in 4.

Georgii Maynerii choreæ variarum nationum. Ven. 1576.

Leonhardi Lechneri Villanellarum german. 3. voc. pars 1.
& II. Norimb. 1586.

Leviorum carminum bis fere generis tripudia complectens, Padoanas nimirum, Passamezos, liber primus. Lovanii.
1571. in 4.

Matthæi Mercheri Phantasiæ seu Cantiones Gallicæ 4. vocum, accommodatæ cymbalis & quibuscunque aliis instrumentis musicalibus. 1604. in fol.

Wolffgangi Getzmanni Phantasiarum sive cantionum
mutetarum, lib. 1. e diversis Musicæ Coriphæis collectus. Francof. 1610. A. in 4.   Geistliche

936. KARGEL, 1575. Same as 908 above, q. v.	C:1213	--
*937. --, 1569. Unlocated; cf. Brown 1569$_5$	C:1213	--
938. THESAURUS, (1576). Same as 138 above, q. v.	C:1213	--
939. BAKFARK (i. e., Greffi), 1569. Eitner 1:258 (cf. 4:330, suppl. 2:114); RISM 1569^{36}; Brown 1569$_1$	C:1233	1:289
940. GALILEI, (1. Partie, 1568; 2. Partie, 1569). Title begins Fronimo: Eitner 4:128; Wolffheim 1:656; Cortot 83; Brown 1568$_2$, 1569$_8$; Davidsson Th 253-54; Sartori 1568-1569 (p. 28)	C:1233	1:232

CHORAE

941. DONATO, 1551 (not 1561). Eitner 3:229; RISM 1551^{13}; Vogel 7	C:1236	--
942. WILLAERT. Title begins Canzone villanesche; editions located from 1545, 1548, 1553: Eitner 10:263; RISM 1545^{20}, 1548^{11}, 1553^{29}; BUC 1081; Vogel 2-4	C:1236	--
943. FRITSCH, 1606. Eitner 4:87. Possibly the same as 1261 below	C:1231	2:565
944. CANTIONES, 1565. Possibly one of the several 1564 editions of Villotte alla padoana: cf. RISM 1564$^{14-15}$	C:1231	--
945. CHOREARUM, 1583. RISM 1583^{21}; Goovaerts 277; Upsala 1583b; Brown 1583$_7$; Sartori 1583c	C:1213	1:1289
*946. MAINERIO, 1576. Unlocated; cf. Eitner 6:281	C:1213	--
947. LECHNER, 1586. Eitner 6:99. Also listed as 1121 below	C:1236	1:536
948. LEVIORUM, 1571. RISM 1571^{14}; Brown 1571$_5$; Sartori 1571	C:1213	1:1286
*949. MERCKER, 1604. Unlocated; cf. Eitner 6:441	C:1231	2:930
950. GETZMANN, 1613 (not 1610). Eitner 4:220; RISM 1613^{15}	C:1231	2:591

GEISTLICHE GESÄNGE UND LIEDER TEUTSCH

951. GUMPELZHAIMER, 1591. Eitner 4:425; BUC 411; Zahn 301. Also listed as 1094 and 1273 below	G:561	1:290
952. RASELIUS, 1599 (not 1600). Printed by Gräff in Regensburg, not in Wittenberg: Eitner 8:130; DMA 2:157; Zahn 351	G:551	1:769
953. SCANDELLO, 1575. Eitner 8:449; BUC 924	G:548	1:845
954. HOYOUL, 1590. Same as 872 above, q. v.	--	--
955. MUSCULUS, 1597 (not 1576). Eitner 7:125; RISM 1597[7]; Zahn 336. Also listed as 1027 below	G:548	1:665
*956. --, 1602. Unlocated	--	1:665
*957. --, 1612. Unlocated; cf. also Eitner 5:407	(Late)	1:668
958. GESIUS, 1607 (not 1603). Printed by Hartmann in Frankfurt-an-der-Oder, not in Herborn: Eitner 4:215; Zahn 384	--	1:255
959. THYSELIUS, 1604. Eitner 9:405	G:548	2:1547
960. GLANNER. [1. Theil], 1578. Eitner 4:274; DMA 1:548	G:549	1:284
961. --. [2. Theil], 1580. Eitner 4:274; DMA 1:549	G:548	1:285
962. EGENOLPH, (1608). Title begins Genesis sive patriarchae: BUC 312	G:549	(2:403)
963. HOLLANDER, 1570. Same as 177 above, q. v.	(G:549)	--

Geiſtliche Geſänge vnd Lieder Teutſch.

Adami Gumpelzheimeri newe teutſche geiſtliche Lieder / mit dreyen Stimmen / nach Art der welſchen Villanellen / Augſpurg / 1591. in 4.

Andreæ Raſelij Regenſpurgiſcher Kirchen Contrapunct / allerley vblichen / vnd in Chriſtlichen Verſamlungen gebräuchlichen Pſal. vnd Liedern D. M. Lutheri vnd anderer mit 5. Stimm. alſo geſetzt / daß iedermann den Choral vnd bekandte Melodey jedes Geſangs wol mitſingen kan / Wittemberg / 1600. in 12.

Antonii Scandelli auserleſene geiſtliche teutſche Lieder mit fünff vnd ſechs Stimmen. / ſampt einem Dialogo mit acht Stimmen / Dreßden / 1575. in 4.

Balduini Hoyuol geiſtliche Lieder vnd Pſalmen mit dreyen Stimmen alſo componirt / daß dieſelben von dreyen Diſcantiſten mögen geſungen werden / Nürnberg / 1590.

Balthaſari Maſculi viertzig ſchöne geiſtliche Geſänglein mit vier Stimmen verfertigt / Nürnberg / 1576. 1602. A. in 12. Jetzo mit etlichen weltlichen Geſänglein Horatij Vecchii vnd Jacobi Meilandi gemehrt / durch Georg Korberum / Nürnberg / Ibidem / 1612. A. in 12.

Bartholomæi Geſen Concentus Ecceſiaſtieus / darin die geiſtliche Lieder auß dem gemeinen Pſalmbüchlein / in jhrer gewöhnlichen Melodey auff vier Stimmen componirt / Herborn / 1603. A in 12.

Benedicti Thyſerij Chriſtliche / liebliche / anmuhtige Geſänge mit vier Stimmen / Wittemberg / 1604.

Caſpari Glaneri erſter vnd ander Theil newer geiſtlicher vnd weltlicher Lieder mit vier vnd fünff Stimmen / München / 1578. 1580. in 4.

Chriſtian Egenolphen Hiſtorien des erſten Buchs Moſis in ſieben Lieder nach den Namen der ſieben Ertzväter verfaſt / Wittenberg / in 8.

Chriſtian Hollandi newe geiſtliche vnd weltliche Liedlein / mit vier / fünff / ſechs / ſieben vnd acht Stimmen / gantz lieblich zu
ſingen /

singen / vnd auff allerley Instrumenten zugebrauchen / München /
1570. in 4.

Clementis Stephani Teutsche auserlesene Psalmen / Muteten vnd geistliche Lieder von Berühmbten dieser Kunst componirt / vnd mit vier Stimmen gesetzt / Nürmberg / 1568. in 4.

Conradi Hagii erster Theil teutscher geistlicher Psalmen vnnd Gesängen / in welchen die Melodeyen im Discant seynd gebraucht / mit vier / fünff vnd sechs Stimmen / Franckfurt / 1612. A. in 4.

Davids Wolckenstein Psalmen für Kirchen vnud Schulen auff die gemeynen Melodeyen / Silbenweiß zu 4 Stimmen gesetzt / Straßburg / 1583. in 4.

Erhardi Bodenschatz Harmoniæ Angelicæ Cantionum Ecclesiasticarum / das ist / Engelische Frewdenlieder vnd g Kirchen Psalmen D. M. Lutheri / vnd anderer frommen gottseligen Christen / welche in den Christlichen Gemeinen vnd Versamlungen / auch bey Austheilung der hochwirdigen Sacramenten / Morgends vnnd Abends / vor vnd nach Essen nutzbarlich zu singen / auch auff Orgeln vnnd Instrumenten gantz lieblich gebraucht werden mögen / mit vier Stimmen componirt / Leipzig / 1606. 1608. in 8.

Ejusdem Hymni sacri præstantissimorum virorum, melodiæ itidem octo sive toni / auff welche das gantze Psalterium Davidis / wie es in vnd an sich selbsten lautet / gesungen werden kan / mit vier Stimmen gesetzt / ibidem / 1606. V. 8.

Georgii Weberi geistliche Lieder vnd Psalmen / aus dem Gesangbüchlein D. M. Lutheri / mit acht Stimmen / auff zwey Chor zu singen / 1596. in 4.

Gesangbuch mit vier / fünff vud sechs Stimmen / mit Niderländischem Teutsch von vielen fürtrefflichen Musicis componirt / Lovanii / 1572. in 4.

Gotthardi Erythræi Psalmen vnd geistliche Lieder D Martini Lutheri vnd anderer gottfürchtigen Männer / in vier Stimmen gebracht / Nürnberg / 1608. V. in 4.

Henrici Gottingi Catechismus von Wort zu Wort in vier Stimmen gesetzt / Franckfurt vnd Leipzig / 1605.

Joachimi

964.	STEPHANI, 1568. Eitner 9:279; RISM 1568[11]; DMA 1:324; Zahn 175	G:555	1:882
*965.	K. HAGIUS, 1612. This edition unlocated; cf. Eitner 4:476	(Late)	1:316
966.	WOLCKENSTEIN, 1583. Same as 683 above, q. v.	G:556	--
*967.	BODENSCHATZ, 1606. This edition unlocated	--	2:136
968.	--, 1608. Eitner 2:81; Wolfenbüttel 785; Zahn 392	G:547	2:136
*969.	--, 1606. Unlocated; possibly the 1607 volume lacking title page, cited in Eitner 2:81; cf. 685 above	--	2:135
970.	WEBER, 1596. Eitner 10:193, suppl. 2:643; Zahn 325. Cf. 213 above	--	1:1002
971.	GESANGBUCH, 1572. Title begins Een duytsch musyck Boeck: Eitner suppl. 2:870; RISM 1572[11]; Goovaerts 216	G:549	1:1143
972.	ERYTHRAEUS, 1608. Eitner 3:352; BUC 319; Zahn 390	G:548	2:439
*973.	GÖTTING, 1605. Unlocated; cf. Eitner 4:296. Cf. also 73 above	G:545	2:615

974.	MAGDEBURG, 1572. Eitner 6:273; DMA 1:1451; Zahn 194. Also listed as 1092 below	G:559	1:409a
*975.	CARLSTADT, 1609. Unlocated; cf. Eitner 2:338	G:549	2:253
976.	J. HAGIUS, 1569 (not 1570). Eitner 4:475	G:557	1:309
*977.	HABERMANN, 1595. Unlocated	G:547	1:1170
978.	SCHOTT, 1603. Eitner 9:66; Zahn 362	G:548	2:1377
*979.	JEEP, 1607. This edition unlocated	G:548	2:759
980.	--, 1609. Eitner 5:281; DMA 1:1428; Davidsson Impr 266; Zahn 398	--	2:759
981.	LEISENTRIT, 1584 (not 1585). Title begins Catholicum hymnologium: BUC 608; Bäumker 1:140 (no. 160)	(G:546)	1:555
982.	HASSLER, 1607. Eitner 5:44; BUC 453	G:555	1:353
983.	MÖLLER, 1610. Eitner 7:14; BUC 683; DMA 1:1836	G:556	2:962
984.	--, 1611. Eitner 7:14 (not in BUC, however). Also 7:106	(Late)	2:963
985.	PÜHLER, 1585 (not 1575). Same as 272 above, q. v.	(G:549)	--
986.	RHAU, 1589. Eitner 8:140 (unlocated as cited). Probably Wolfenbüttel 738; Zahn 290. Cf. 1000 below, however	G:548	1:771

Joachimi Magdeburgii Tischgesänge mit vier Stimmen/ do-mit man vor vnd nach Tisch den lieben Gott anruffen/ loben vnd danckfagen mag/ Erfurt/ 1572. in 8.

Johann Carlstatt geistliche vnd weltliche Lieder/ mit drey/ vier/ fünff vnd acht Stimmen/ Erffurt/ 1609. in 4.

Johannis Hagij auserlesene Symbola etlicher hohen Poten-taten vnd anderer Herren/ etc. mit kurtzen teutschen Reimen, vnd vier Stimmen zugericht/ Nürnberg/ 1570. in 4.

Johannis Habermanns Betbüchlein Gesangweiß in artige Reimen/ vnd Melodias gebracht/ Straßburg/ 1595. in 12.

Johannis Georg Schötten artig Gesangbuch mit vier Stim-men/ Franckfurt/ 1603. in 12.

Johannes Illp geistliche Psalmen vnd Kirchengesäng D. M. Lutheri vnd anderer frommen Christen den Choral nach mit vier Stimmen/ Nürnberg/ 1607. 1609. A. in 4.

Johannis Leysentricii Senioris Catholisch Gesangbuch voller geistlicher Lieder vnd Psalmen/ der alten Catholischen Kirchen/ so vor vnd nach der Predigt/ auch bey der heiligen Communion/ vnd sonst in dem Hause Gottes/ ordentlicher Weise/ nach Catho-lischer Kirchen Melodey mögen gesungen werden/ Budiffin/ 1585. in 8.

Johannis Leonis Hasleri Psalmen vnnd Christliche Gesäng/ mit vier Stimmen auff die Melodeyen Fugweiß componiret/ Nürnberg/ 1607. A. in 4.

Johannis Molleri new Quodlibet mit vier Stimmen/ Franck-furt/ 1610. B. 4.

Eiusdem teusche Moteten/ mit fünff/ sechs vnd acht Stim-men/ Darmstatt/ 1611. B. in 4.

Johannis Pulcheri Schwandorffen/ schöner/ auserlesener/ geistlicher vnd weltlicher teutscher Lieder zwantzig/ von berühm-ten dieser Kunst mit vier Stimmen gesetzet/ lieblich zu singen/ vnd auff allerley Instrumenten artig zu gebrauchen/ München/ 1575. in 4.

Johann Raßwen Gesangbuch D. M. Lutheri mit vier Stim-men/ Franckfurt/ 1589. in 12.

G g   Jo, ann

Johan. Rüchlini Kirchengesäng / aus D. M. Lutheri Teutschem
Gesangbuch gezogen / vnd mit vier Stimmen dem Choral nach
gesetzt / Leipzig / 1596. in 4.

Johann Staden newe Teutsche weltliche Gesäng mit 3. 4.
5. 6. vnd 8. Stimmen / Nürnberg / 1609. W. in 4.

Johann Steurlin 12. Teutscher vnd Lateinischer Gesäng mit
4 vnd 5. Stimmen Wittemberg / 1571. in 4.

Ejusdem 21. geistliche Lieder / den gottseligen Christen zu-
gerichtet durch Ludovicum Helmboldum vnd nun mit 4. Stimmen gesetzt / Erffurt / 1575. in 8.

27. Newe geistliche Gesäng mit vier Stimmen / ibid. 1588. 4.

Der Christliche Morgen vnd Abend Segen / aus dem Ca-
techismo Lutheri gezogen / durch Nicolaum Germannum Reim-
weis verfasset vnd nun mit vier Stimmen zusammen gesetzt / 1573.
in octavo.

Das Gebet HErr Jesu Christ wahr Mensch vnd Gott / mit
4. 5. vnd 6. Stimmen / Erffurt / 1574. 4.

Teutsche Benedicite vnd Gratias / vor vnd nach Tisch Rei-
weis zu singen mit fünff Stimmen / ibidem / 1575. in 4.

Juonis de Vento geistliche vnd Weltliche Lieder mit fünff
Stimmen / auff allerley Instrument zu gebrauchen / München /
1582. in 4.

Lamberti de Sayve Deutsche Liedlein mit Stimmen / Hamburg. 1611. W. in 4.

Lucæ Ossandri 50. geistliche Lieder vnd Psalmen / mit 4.
Stimmen / auff contrapuncts weise / für die Schulen vnd Kirch-
en also gesetzt / das eine Christliche Gemein durch aus mit singen
kan / Nürnberg / 1586. in 4.

D. Martini Lutheri Gesangbuch mit vier Stimmen / auff
den vblichen Choral gerichtet / Eißleben / 1586. in 8.

D. Martini Lutheri vnd anderer frommer Christen Gesänge ordentlich in 8. Theil verfasset / vnd mit vier Stimmen vnter-
schiedlich gedruckt / Eißleben / 1598. Franckfurt. 1589. in 12.

Matthæi

*987.	RÜHLING, 1596. Unlocated; cf. Eitner 8:350	--	(1:434)
988.	STADEN, 1609. Eitner 9:239; Zahn 401 ("weltliche"?)	(G:548)	2:1464
989.	STEURLEIN, 1571. Same as 274 above, q. v.	G:559	--
990.	--, 1575. Eitner 9:284; Zahn 211	--	1:892
991.	--, 1588. Eitner 9:284; BUC 978; DMA 1:681; Zahn 279	G:548	1:898
*992.	[--]. DER CHRISTLICHE ..., 1573. Unlocated	G:553	1:889
*993.	[--]. DAS GEBET ..., 1574. Unlocated	G:232	1:890
994.	[--]. TEUTSCHE BENEDICITE, 1575. Eitner 9:284; BUC 978. Also listed as 1093 below	G:559	1:891
995.	VENTO, 1582. Probably the <u>Newe teutsche Liedlein mit 5 Stimmen</u>: Eitner 10:50; DMA 1:691	G:549	1:970
996.	SAYVE, 1611. Printed in Wolfenbüttel, not Hamburg: RISM 1611[19]; DMA 1:1469. Also listed as 1163 below	(Late)	2:1283
997.	OSIANDER, 1586. Eitner 7:252; DMA 1:632; Zahn 260	G:548	1:682
*998.	LUTHER, 1586. Unlocated	--	--
999.	--, 1598. Zahn 343; Wolfenbüttel 759	(G:547)	(1:1173-4)
1000.	--, 1589. Probably the same as 986, q. v.	(G:548?)	--

1001. LE MAISTRE, 1566. Eitner 6:126; BUC 610; DMA 1:610; Zahn 164	G:549	1:557a
1002. MORITZ, 1612. Eitner 7:66; Zahn 411	(Late)	2:968
1003. FRANCK, 1602. Title begins Contrapuncti compositi: Eitner 4:54; RISM 1602[3]; BUC 347; DMA 1:59; Zahn 361	G:551	2:493
*1004. --, Magdeburg 1604. Unlocated	G:556	2:497
*1005. --, Nuremberg 1603 or 1607 (not 1604). Unlocated	G:556	2:496 or 2:498
1006. VULPIUS, 1609 (not 1604). Eitner 10:142; Wolfenbüttel 788; Zahn 400	G:548	2:1619
1007. M. PRAETORIUS. 1. Theil, 1606. Printed by Gräf in Regensburg, not in Magdeburg: Eitner 8:48; BUC 807; DMA 1:165; Wolfenbüttel 359; Zahn 380	G:551	2:1127
1008. --. 2. Theil, (1607). Printed by Lippold in Jena, not in Nuremberg: Eitner 8:48; BUC 807; DMA 1:166; Wolfenbüttel 359; Zahn 380	G:551	2:1127
1009. --. 7. Theil, 1609 (not 1610). Printed in Wolfenbüttel: Eitner 8:48; RISM 1609[10]; BUC 807; DMA 1:171; Wolfenbüttel 359	(Late?)	2:1130
1010. --. 9. Theil, 1610. Printed in Wolfenbüttel: Eitner 8:48; DMA 1:173; Huys 349; Upsala 178; Wolfenbüttel 359	(Late?)	2:1130
1011. --. Urania, 1613. Printed in Wolfenbüttel, not in Hamburg: Eitner 8:49; BUC 807; DMA 2:156	(Late)	2:1141
1012. --. Litaney, 1613. Printed in Wolfenbüttel, not in Hamburg: Eitner 8:47; BUC 806; DMA 1:178	(Late)	2:1140
*1013. [H. PRAETORIUS]. Te Deum, 1613. Unlocated. (Göhler locates place of publication as Hamburg)	(Late)	2:1124
1014. ROST, 1583. Eitner 8:328; DMA 1:190. Also listed as 1015 below	--	1:831

Matthæi de Matre geiſtliche vnd weltliche Geſäng mit 4.
vnd 5. Stimmen / Wittemberg / 1566. in 4.

G. Mauritz. Landgraffen zu Heſſen etc. Chriſtlich Geſang-
buch / von allerhand geiſtlichen Pſalmen / Geſängen vnd Liedern
von Herrn D. M. Luthero vnd andern gottſeligen Männern zu ſingen verordnet / mit 4. Stimmen auff lieblichen Melodeyen gezieret / Caſſel / 1612. W. in fol.

Melchioris Franci Teutſche Pſalmen vnd Kirchengeſäng
contrapunct geſetzt mit vier Stimmen / Franckfurt / Nürnberg/
1602. A. in 4.

Ejusdem newes Quodlibet mit 4. Stimmen / Magdeburg/
1604. Nürnberg in 4.

Melchioris Vulpii Kirchengeſäng vnd geiſtliche Lieder D.
M. Lutheri vnd anderer frommen Chriſten mit 4. vnd 5. Stimmen / auff zweyerley vnd dreierley Art contrapuncts weiſe mit fleis
alſo geordnet / das im Diſcant der Choral behalten wird / Leipzig/
vnd Erffurt / 1604. in 4.

Michaelis Prætorii Muſæ Sioniæ Herrn Lutheri vnd anderer Teutſchen Pſalmen mit 8. Stimmen / auff der Orgel vnd
Kohr zu gebrauchen / Erſter vnd ander Theil / Magdeburg / Nürnberg 1606. W. in 4.

Ejusdem Muſæ Sioniæ teutſcher geiſtlicher Pſalmen vnd
Lieder ſiebender vnd neundter Theil / Hamburg / 1610 W. in 4.

Ejusdem Urania Chorodia, darinnen 19. der fürnembſten
gebreuchlichſten geiſtlichſten Deutſchen Kirchengeſäng auff 2. 3.
vnd 4. Chor zugebrauchen ibid. 1613. W. 4.

Ejusdem kleine vnd groſſe Lytaney / zu ſampt dem Erhalt
vns HErr bey deinem Wort / in 2. Choren mit 5. 6. vnd 7. Stimmen geſetzt / beneben bericht / woher die Litaney jhren Vrſprung
habe ibid. 1613. W. 4.

Ejusdem Te Deum laudam. mit 16. Stim. zuſampt dem älten Weyh-
nachten geſang: Ein Kindelein ſo löbelich / mit 8. Stim. ibid. 1613. v.

Nicolai Roſtii fröliche newe teutſche Geſäng / ſo zum Theil
geiſtlich zum Theil auch ſonſt kurtzweilig mit 4. 5. vnd 6. Stimmen / Franckfurt / 1583. in 4.

G g 2   Nicolai

Nicolai Roſtii fröliche newe Teutſche Geſäng/ſo zum theil Geiſtlich/zum Theil auch ſonſt kurtzweilich mit 4. 5. vnd 6. Stimmen/ Franckfurt/ 1583. in 4.

Nicolai Zangii Geiſtliche vnd Weltliche Lieder mit 5.Stimmen/ Ibidem/ Cöln/ 1597. 4.

O. landi de Laſſo. Teutſcher Lieder 1. 2. 3. Theil mit 5. Stimmen/ in ein Opus zuſammen gedruckt/ München/ 1576 Nürnberg/ 1583. 1593. in 4.

Etliche Auserleſene/ kurtze/ gute geiſtliche vnd weltliche Liedlein mit vier Stimmen/ ſo zuvor in Frantzöſiſcher Sprach ausgangen/itzo aber mit Teutſchen Texten geſetzt/durch Joannem Pulcherum/ München/ 1582. in 4.

Newe Teutſche vnnd etliche Frantzöſiſche Geſänge mit 6. Stimmen/ ibidem/ 1591. 4.

Petri Nitſch etliche Teutſche vnd Lateiniſche geiſtliche Lieder auff vier Stimmen Morgends vnd Abends vnd nach dem Eſſen zu ſingen/ Leipzig/ 1573. 8.

Pſalmen mit vier Stimmen/in der Kirchen vnd Schulen zu ſingen/ Strasburg/ 1577. 4.

Samuelis Mareſchalli Pſalmen Davids Kirchengeſänge/ vnd Geiſtliche Lieder von D. M. Luthero vnd andern Gottesgelehrten Männern geſtellet/vnd mit vier Stimmen/ in welchen das Choral oder gewönliche Meloden durchaus im Diſcant contrapuncts weiſe geſetzt/ Baſel/ 1606. in 12.

Sethi Calviſii Harmonia Cantionum Eccleſiaſticarum Kirchengeſänge vnd geiſtliche Lieder D. M. Lutheri vnd ander frommen Chriſten mit vier Stimmen contrapuncta geſetzt/ Leipzig/ 1597. in 8.

Thomæ Elsbethi newe geiſtliche Lieder mit 5. Stimmen/ Franckfurt an der Oder 1599. A. in 4.

Wolffgangi Muſculi 40. Geiſtliche Lieder mit 4 Stimmen/ Nürnberg/ 1597. in 4.

Kirchengeſäng vnd Lieder Cho l

Ambroſii Lobwaſſers bewerte Hymni Patrum vnd anderer

gottſeli

1015. ROST, 1583. Same as 1014 above, q. v.	(G:549)	--
1016. ZANGIUS, 1597. Eitner 10:326; DMA 1:1871	G:549	1:1018
1017. LASSUS, 1576. DMA 2:98; Upsala 337; Bötticher 1576/2?	--	1:471, 1:474
1018. --, 1583. Eitner 6:64; DMA 2:113; Davidsson Impr 292; Wolffheim 2:1838; Bötticher 1583/2. Also listed as 1175 below	G:559	1:487
1019. --, 1593. Eitner 6:64; DMA 2:125; Davidsson Impr 293; Bötticher 1593/2. Also listed as 1176 below	--	1:487
1020. [LASSUS]. Etliche ... Liedlein, 1582. DMA 1:599; Bötticher 1582/9	G:549	1:486
1021. [--]. Newe ... Gesäng, 1590 (not 1591). Eitner 6:65; DMA 1:603; Bötticher 1590/3	G:559	1:502
1022. NITSCH, 1573. Eitner 7:205; DMA 1:1041; Zahn 204. Also listed as 1178 below	G:559	1:680
1023. PSALMEN, 1577. Zahn 219. Also listed as 1064 below	G:555	1:1146
1024. MARESCHALL, 1606. Eitner 6:327; BUC 652. Also listed as 1075 below	G:556	--
1025. CALVISIUS, 1597. Eitner 2:287; BUC 153 (dated 1598); Wolfenbüttel 757; Zahn 335	G:547	1:92
1026. ELSBETH, 1599. Eitner 3:332; DMA 2:74; Zahn 349	--	1:189
1027. MUSCULUS, 1597. Same as 955 above, q. v.	G:548	--

KIRCHENGESÄNG UND LIEDER CHORAL

*1028. LOBWASSER, 1578. Unlocated	G:551	1:569

*1029. AUSERLESENE PSALMEN, 1593. Unlocated   G:547   1:1159
*1030. BONNISCH GESANGBÜCHLEIN, 1595. Unlocated;   G:547   1:1168
      for editions dated 1590, 1591, and 1594 see
      Zahn 287, 302, 315. See also Gerhard Bork,
      Die Melodien des Bonner Gesangbuches in
      seinen Ausgaben zwischen 1550 und 1630 (Köln:
      Staufen, 1955)
 1031. ZIMMERMANN, 1580. Same as 188 above, q. v.   G:547   --
 1032. GEISTLICHE LIEDER, 1590. Probably the   G:547   1:1157
      Hamburger Gesangbuch of 1592: Wolfenbüttel
      748; Zahn 307
 1033. [WIDMANN]. Geistliche Lieder, 1604. Eitner   G:547   1:1176
      10:252; BUC 1080; DMA 1:286; Zahn 368
 1034. GESANG & PSALMENBUCH, 1586. Bäumker   G:551   1:1153
      1:152 (no. 164); Zahn Anh. 2:5
 1035. [STIPHELIUS]. Gesangbuch, 1612. Eitner 9:291;   (Late)   --
      Zahn 413; DMA 1:1481
*1036. HYMNI, 1591. Unlocated   G:547   1:917
      LEISENTRIT. Reference is to 981 above
 1037. KIRCHENGESÄNG, 1573. Eitner 5:356; BUC   G:551   1:1145
      535; DMA 1:1931; Zahn 201

gottseligen Männer welche durch das gantze Jahr in der Kirchen gesungen werden/ aus dem Latein ins Teutsche mit gleichen Reimen gebracht/ Leipzig/ 1578. in 8.

Auserlesene Psalmen vnd geistliche Lieder D. M. Lutheri Barth. in Pommern/ 1593 in 8.

Bömisch Gesangbüchlein/ Franckfurt/ 1595. in 12.

Felicis Zimmermanni schöne geistliche Lieder/ sampt etlichen Sprüchen vnd Gebetlein/ mit kurtzer Auslegung. Item Epitaphia vnd Grabschrifften des alten Herrn M. Johann. Matthesii seligen/ Nürnberg/ 1580. in 8.

Geistliche Lieder vnd Psalmen/ Hamburg/ 1590. in 16.

Geistliche Lieder vnd Psalmen/ wie sie durchs Jahr in der Graffschafft Hohenlohe gebraucht werden/ Nürnberg/ 1604. in 4.

Gesang vnd Psalmenbuch auff die fürnembste Feste durchs gantze Jahr in der Kirchen auch bey Processionen/ Creutzgang/ Kirch vnd Walfahrten zugebrauchen/ aus den alten Authorn in diese Ordnung gebracht/ München/ 1586 in 8.

Gesangbuch für Christliche Kirchen vnd recht Lutherische Schulen/ welchs in sich helt zum ersten/ die geistlichen lateinischen Odas/ zum andern die Leichen Gesänge/ zum dritten/ die Gesänge/ so in Kirchen vnd Schulen/ auch vor vnd nach Tische können gesungen werden/ zum vierten/ Etliche Harmonien nach den Odis Q. Horatii Flacci gerichtet/ zum fünfften ein Register der Gesänge vnd Mutteten auff tägliche Son- vnd Festage gerichtet: Jena/ 1612. 8. in 4. in verlegung Thomæ Schürers.

Hymnum Trisago/ Geistliche Lobgesänge Patris Synesii von Cyren/ sampt etlichen Hymnis Gregorii Nazianzeni/ Friburg/ in Brisgow 1591. in 4.

Joan Leysentrieit Senior. Catholisch Gesangbuch &c. supra.

Kirchengesäng Lateinisch vnd Teutsch/ sampt allen Evangelien/ Epistela vnd Collecten/ auff die Sontäge vnd Fest durchs gantze Jahr in der Evangelischen Kirchen bräuchlich/ aus den besten Gesangbüchern vnd Agenda/ so für die Evangelischen Kirchen in deutscher Sprach verordnet seyn/ zusammen gebracht/ Witten 1573. in fol.

G g 3 Kirchenge-

Kirchengesäng der reformirten Kirchen der Brüder in
Böhm vnd Mähren darin die Hauptartickel Christlichen Glau-
bens kurtz gefaßt vnd außgelegt sind /Nürnberg / 1580.

Laurentii Stiphelii libellus Scholasticus, continens odas
Spirituales,vnd andere mehr Gesäng pro schola Naumburgensi,
Leipzig/in 4. bey Voigt.

Nicolai Selnecceri Christliche Psalmen Lieder vnd Kirch-
engesäng/in welchen die Christliche Lehr zusammengefaßt vnd er-
kläret wird/Leipzig / 1587. in 4.

Sontägliche Gesänge

Adami Hoppii Sontags vnd der fürnemsten Fest Evangelia durchs gantze Jahr in gewisse vnd dem Volck bekante Melodeyen vnd Gesäng / Görlitz / 1575.

Andreæ Raselii teütsche Sprüche aus den Sontäglichen
Evangeliis durchs gantze Jahr zusammen gezogen / vnd mit fünff
Stimmen gesetzt / in welchen Exempla Dodechordi Glariani in
utraque scala gefunden werden Nürnberg / 1594. in 4.

Christophori Demantii Corona Harmonica, auserlesene
Sprüch aus den Evangelien / auff alle Sontag vnd Fest durchs
gantze Jahr mit sechs Stimmen nach den zwölff modis Musicis
regulariter vnd transposite zu singen / Leipzig / 1610. A. in 4. bey
Abraham Lamberg.

Georgii Sünderreuters Episteln auff alle Sontag vnd die
fürnembste Fest Christi vnd der lieben Gottes heiligen /sampt etlichen Texten aus dem alten vnd neuen Testament / in geistliche
liebliche Melodeyen verfaßt / mit vorgesetzten Argumenten jedes
Gesanges / Reimenweis / Lauwingen / 1580 in 8.

Nicolai Hermanni Sontägliche Evangelia durch das
gantze Jhar sampt den fürnembsten Festen in Gesangweis
ausgegangen. Jetzt durch Georg Sündrreutern/geändert/gemeh-

ret /vnd

1038.	KIRCHENGESÄNG, 1580. Zahn 229	G:551	1:1149
1039.	STIPHELIUS, (1607). Eitner 9:291; RISM	G:547	2:1507
	1607^{12}a; DMA 1:1480; Zahn 387		
1040.	SELNECCER, 1587. Eitner 9:137; BUC 940;	G:551	1:868
	DMA 1:1067; Zahn 265		

SONTÄGLICHE GESÄNGE

*1041.	HOPPE, 1575. Unlocated; cf. Eitner 5:204	G:546	1:407
1042.	RASELIUS, 1594. Eitner 8:130; DMA 1:182;	G:546	1:767
	Wolfenbüttel 365. Cf. 383 above (for 5-9 voices)		
1043.	DEMANTIUS, 1610. Eitner 3:171; BUC 263	(Late)	2:343
1044.	SÜNDERREUTTER, 1580. Same as 1045 below,	G:546	1:904
	q. v.		
1045.	HERMAN, 1580. Eitner 5:121. See also 1044	G:546	1:399
	above		

FESTGESÄNG

1046.	RASELIUS, 1594. Same as 383 above, q. v.	--	--
1047.	SCHNEEGAS, 1596. Possibly the Geistliche Lieder & Psalmen of 1597: Zahn 331; DMA 1:1059	--	1:854
1048.	G. OTTO, 1588 (not 1580). Eitner 7:260; DMA 1:634; Zahn 274	G:548	1:684
1049.	BURCK, 1594. Eitner 2:239; RISM 1594[18]; DMA 1:514; Zahn 313	G:546	1:86
1050.	SCHRÖTER, 1587. Eitner 9:74; DMA 1:669; Zahn 266	G:563	1:863

PASSION GESANGWEIS

1051.	GESIUS, 1588. Eitner 4:214	G:555	1:246
1052.	BURCK, 1568. Title begins Die deutsche Passion: Eitner 2:238; DMA 1:1797	G:555	1:76
1053.	--, 1574 (not 1577). Title begins Passio Jesu Christi: Eitner 2:238	G:555	1:81
1054.	HEROLDT, 1594. Same as 436 above, q. v.	G:555	--
1055.	MACHOLD, 1593. Same as 437 above, q. v.	--	--

nd in der Aufpurgifchifchen Confeffions Kirchen gebreuch-
en Melodeyen verfaffet. Laugingen / 1580. in 8.

Feftgefäng.

Andreæ Rafelii teutſche Sprüche auff der fürnembſten
lichen Feſt vnd Apoſtel Tage aus den gewönlichen Evange-
ezogen / vnd mit 5. 6. 8. vnd 9. Stimmen geſetzt / Nürnberg /
* in 4.

Cyriaci Schnegaß viertzig Chriſtliche newe vnd alte vier-
nige newe Jhars vnd Weyhnacht Geſäng vnd Pſalmē / Erf-
1596. in 4.

Georgii Otthonis geiſtliche teutſche Geſäng / D. M. Lu-
auff die fürnembſten Feſt / vnd ſonſten zu ſingen / auch auff
ey Inſtrumenten zu gebrauchen / mit 5. vnd 6. Stimmen /
m. 1580. in 4.

Joachim à Burck dreiſſig geiſtliche Lieder auff die Feſt
) das gantze Jahr mit vier Stimmen lieblicher art zu ſin-
Mülhauſen / 1594. in 8.

Leonhard Schröters Torgenſis Weyhnacht Lieder mit 4 vnd
timmen / Helmſtedt / 1587. in 4.

Paffion Gefangweis.

Bartholomæi Gefen Hiſtoria vom Leiden vnd Sterben vn-
H. J. C. wie ſie vns der Evangeliſta Johannes im 18. vnd 19.
. beſchreibet / mit 2. 3. 4. vnd 5. Stimmen componiret / Wit-
)erg / 1588. in fol.

Joachim à Burck Paffion Chriſti / nach den vier Evangeli-
auff den Teutſchen Text mit vier Stimmen zuſammen geſetzt
ttemberg 1568 in 4. Erffurt / 1577.

Johannis Herold Hiſtoria des Leidens vnd Sterbens Jeſu
lſti / aus dem Evangeliſten Matthæo mit 6. Stimmen com-
cet / Grätz / 1594. in 4.

Johannis Macholdi Hiſtoria vom Leiden vnd Sterben Je-
riſti / mit 5. Stimmen componiret / 1593. in 4.

Johannis

Johannis Steurlin Teutsche Passion mit 4. Stimmen/ Erffurt 1576. in 4.

Leonardi Lechneri Historia der Passion nach dem alten Lateinischen Kirchen Choral mit 4. Stimmen/ Nürnberg/ 1594. in fol.

Michaelis Altenburgii 53. Cap. Esaiæ/ vnd der schöne Passionspruch Bernhardi: Passio tua Domine Jesu Christe. &c. mit 6. Stimmen componirt/ Erffurt / 1608. in 4.

Passion Christi secundum Matthæum, Teutsch Gesangweiß/ auff die alten Chormelodeyen gestelt vnd in vnterschiedliche Personen ausgetheilet/ Nürnberg/ 1570. in fol.

Passion Teutsch Gesangweiß mit 4. Stimmen / Wittenberg. 1590. in 4.

Magnificat.

Erhardt Bodenschatz Magnificat Mariæ/ sampt dem Benedicamus/ auff die zwölff modos Musicales mit vier Stimmen gesetzt/ Leipzig/ 1599. in 4.

Johannis Baptistæ Pinelli Itali Teutsche Magnificat/ auff die 8. Tonos Musicales, derer ein jeglicher zweymal vnd peregrini Toni dreymal gesetzt mit 4. vnd 5. Stimmen/ sampt etlichen newen Benedicamus componirt/ Dreßden/ 1583.

Psalmen Davids.

Georg Webert Teutsche Psalmen Davids mit 4. 5. vnd 6. Stimmen erster vnd ander Theil/ Mülhausen/ 1569 in 4.

Psalmen mit 4 Stimmen in Kirchen vnd Schulen zu singen Straßburg 1577. in 4.

Sigismundi Hemmelii gantz Psalter Davids mit 4. Stimmen Gesangsweiß gesetzet/ Tübingen/ 1569. in 4.

Psalmen Davids auff Calvinische Weise.

Ambrosii Lobwassers J. U. D. Psalm. Davids nach Frantzösischer Meloden vnd Reimen art/ mit vorhergehender anzeig eines jeden Psalmen Inhalts vnd darauff folgenden andächtigen Gebeten sampt etlichen geistlichen Gesängen D. M. Luthers mit 4. Stimmen/ Neustadt/ 1585. in 32. Straßburg/ 1586. in 24. Heidelberg

1056. STEURLEIN, 1576. Same as 438 above, q. v.	G:555	--
*1057. LECHNER, 1594. Unlocated; cf. Eitner 6:99	G:555	1:547
1058. ALTENBURG, 1608. Eitner 1:119	G:555	2:37
1059. [STEPHANI]. Passio christi, 1570. Eitner 9:279	G:555	1:1142
*1060. PASSION TEUTSCH, 1590. Unlocated	G:555	1:1156

MAGNIFICAT

1061. BODENSCHATZ, 1599. Same as 729 above, q. v.	G:553	--
1062. PINELLO, 1583. Same as 740 above, q. v.	G:553	--

PSALMEN DAVIDS

*1063. WEBER, 1569. Unlocated; cf. Eitner 10:193. Cf. 213 above	G:555	1:1000
1064. PSALMEN, 1577. Same as 1023 above, q. v.	G:555	--
1065. HEMMEL, 1569. Same as 702 above, q. v.	G:555	--

PSALMEN DAVIDS AUFF CALVINISCHE WEISE

1066. LOBWASSER, 1586 (not 1585). Zahn 264	G:556	1:570
1067. --, 1587 (not 1586). Zahn 271	G:556	1:571
*1068. --, 1594. Unlocated	G:556	1:576

*1069. LOBWASSER, 1591. Unlocated	G:556	1:573
*1070. --, 1593. Unlocated	--	1:575
1071. --, Herborn (n. d.): 12mo. See BUC 844-45;	G:556	--
Davidsson Impr 410; Zahn 427		
1072. --, Herborn (n. d.): 24mo. See BUC 844-45;	G:556	--
Davidsson Impr 410; Zahn 427		
1073. --, 1597. BUC 844	--	1:577
1074. --, 1604. BUC 844	--	1:578
1075. --, 1606. Same as 1024 above, q. v.	G:556	--
*1076. --, 1608. Unlocated	G:556	(2:968)
*1077. JANS, 1600. Unlocated	G:556	2:751

PSALMEN DAVIDS NACH BÄPSTISCHER WEISE

1078. HAGIUS (i. e. , Lenbergius), 1589 (not 1590).	G:556	--
Eitner 4:475; DMA 1:552; Bäumker 1:72		
(no. 169)		
*1079. BUSCHOP, 1562. Unlocated; for 1568 edition	G:556	1:89
see Eitner 2:250; DMA 1:517		
*1080. K. HAGIUS, 1608. Unlocated; for 1606 edition	G:556	1:312
printed by Sutor in Ursel see Eitner 4:475;		
BUC 415; DMA 1:1004; Bäumker 1:201		
1081. HARELBECCANUS (i. e. , Pauli), 1590. Eitner 5:23	G:556	1:717

CANTICUM CANTICORUM

1082. FRANCK, 1608 (not 1609). Title begins Geistliche	G:545	2:505
Gesäng und Melodeyen: Eitner 4:54. Printed		
by Hauck in Coburg, not in Erfurt		
1083. MANGON, 1609. Eitner 6:301; Davidsson Impr 325	G:545	2:905

HOCHZEIT GESÄNG

1084. BURCK, 1583. Eitner 2:239; Zahn 318 (note);	G:550	1:85
for 1595 edition see DMA 1:1798; Zahn 318		

delberg/ 1594. in 12. Speyer, 1591. in 12. Leipzig / 1593. in 8. Herborn/
in 12 vnd 24. Eißleben / 1597. Licht/ 1604. in groß folio / durch Sa-
muelem Mareschallum mit 5. Stimmen componiret/ Basel /1606
in 12. Landgraff Moritz zu Hessen / &c. hat die vbrige Psalm en / so
nicht eigene Melodias gehabt / mit andern lieblichen Melodiis
gezieret vnd mit 4. Stimmen componiert/ Cassel / 1608. in fol.

Davids Jans M. Psalm geklanckt / wa er in de 150. Psalmen Davids/ nutzgaders verscheiden Lossanschen / mit 4. 5. 6. 7.
vnd 8 Stimmen te hooren Hyn Ambsterdam / 1600. in 4.

Psalmen Davids nach Bäpstischer Weise.

Caspari Lenbergii Psalmen Davids / wie die hievor in allerley art Reimen vnd Melodeyen abgesatzt / jetzt aber für junge
Schüler der Music mit 4. Stimmen durch Conradum Hagium
zugerichtet/ Düsseldorff / 1590. in 4.

Cornelis Buschop funffzig Psalmen Davids mit 4. Stimmen / ibidem / 1562. in 4.

Psalmen Davids / wie die hievor vnter allerley Melodeyen in teutsche Gesängreimen durch Casparum Ulenbergium
bracht / nachmals mit 4. Stimmen gesetzt durch Conradum Hagium / Vrsel / Franckf. 1608. in fol.

Sigeri Pauli Psalmodia Davidica / Davids teutsche Psalmen mit fünff mehr vnd weniger Stimmen zugericht/ Cöln/
1590. in 4.

Canticum Canticorum.

Melchioris Franzi Gesäng vnd Melodeyen / mehrertheils
aus dem Hohenlied Salomonis mit 5. 6. vnd 8. Stimmen componirt / Erffurt / 1609. W.

Richardi Mangon Aquagrinensis Canticum Canticorum
Salomonis in allen Tonis / mit 4. 5. 6. 7. vnd 8. Stimmen /
Franckfurt / 1609. W. in 4.

Hochzeit Gesäng.

Joachimi à Burck vom H. Ehestand viertzig Liedlein / in

H h   deutsch würdenckwirdige Reimen aus göttlicher Warheit von M. Ludovico Helmboldo gefaffet / mit 4. Stimmen lieblicher art zu fingen / vnd auff Jnftrument zu gebrauchen / Mülhaufen 1583.

Johannis Steurleins Epithalamia teutfche vnd lateinifche geiftliche Hochzeitgefäng / mit 4. vnd mehr Stimmen / Erffurt / 1587. in 4.

Johannis Wendii etliche Hochzeitlieder / mit 4. vnd 8. Stimmen / Caffel / 1608. in 4.

Valentin Hausmans fafciculus newer Hochzeit vnd Braut-lieder / mit 4. 5. vnd mehr Stimmen / Nürnberg / 1602. in 4.

Leichbegängnüffen.

Andreæ Bergers teutfche weltliche Trauer vnd Klaglie-der mit vier Stimmen / Augfpurg / 1609.

Bartholomæi Gefen Chriftliche Choral vnd Figural Ge-fäng teutfch vnd lateinifch bey den Leichbegängnüffe zu gebrauche / Franckfurt an der Oder / 1611. V. in 8.

Chriftophori Demantii Threnodiæ das ift fehnliche Klaglieder vber den feligen Abfchied Herrn Chriftiani des An-dern / Hertzogen vnnd Churfürften zu Sachfen / &c. Leipzig / 1611. A. in 4.

Tifchgefäng.

Georgii Dietrichs Gefäng lateinifch vnd teutfch zum Be-gräbnüs der verftorbenen / Nürnberg / 1573. in 8.

Joachimi Magdeburgi Tifchgefäng mit 4. Stimmen / da-mit man vor vnd nach Tifch den lieben Gott anruffen / loben vnd danckfagen mag / Erffurt / 1572. 8.

Johannis Steurleins teutfche Benedicite vnd Gratias vor vnd nach Tifch betweis zu fingen / mit 5. Stimmen componiret / 1575. in 4.

TRICINIA: Geiftliche vnd weltliche.

Adami Gumpetzheimeri newe teutfche geiftliche Lieder mit dreyen Stimmen / nach art der welfchen Villanellen Augfpurg / 1591. in 4.

Ejusdem

1085. STEURLEIN, 1587. Eitner 9:284	G:550	1:896
*1086. WENDIUS, 1608. Unlocated; cf. Eitner 10:224	G:550	2:1665
1087. HAUSSMANN, 1602. Eitner 5:53	G:550	1:376

LEICHBEGÄNGNÜSSEN

1088. BERGER, 1609. Title begins Threnodiae amatoriae: Eitner 1:457; BUC 102	G:561	2:100
*1089. GESIUS, 1611. Unlocated thus; for possible alternatives see Eitner 4:215-17	(Late)	1:268
*1090. DEMANTIUS, 1611. Unlocated; cf. Eitner 3:172	(Late)	2:344

TISCHGESÄNG

1091. DIETRICH, 1573. Eitner 3:199; Zahn 200	G:561; cf. C:1209	1:169
1092. MAGDEBURG, 1572. Same as 974 above, q. v.	G:559	--
1093. STEURLEIN, 1575. Same as 994 above, q. v.	G:559	--

TRICINIA

1094. GUMPELZHAIMER, 1591. Same as 951 above, q. v.	--	--

1095. GUMPELZHAIMER, 1611. Eitner suppl. 3:862-63	--	1:295
1096. GOSSWIN, 1581. Eitner 4:313; BUC 390; DMA 1:550	G:560	1:286
1097. MYLLER, 1608. RISM 1608^{22}; DMA 1:1518. Cf. 1230 below	G:560	2:996
1098. HOYOUL, 1590. Same as 872 above, q. v.	G:560	--
*1099. HITZENAUER, 1585. Unlocated thus; cf. Eitner 5:162	G:560	1:404
1100. K. HAGIUS, (1604). Eitner 4:476	G:560	1:313
*1101. --, 1610. Unlocated; cf. Eitner 4:476	(Late)	1:314
*1102. ELSBETH, 1599. Unlocated; cf. Eitner 3:332	G:560	1:188
1103. BRECHTEL, 1589 (not 1588). Eitner 2:179	G:560	1:69
*1104. LANGE, 1584. Probably the same as 208 above, q. v.	G:560	--
1105. DEDEKIND, 1588. Same as 892 above, q. v.	G:560	--
1106. VECCHI, 1606. Eitner 10:42; RISM 1606^{13}; Vogel 41	G:561	1:954

Eiusdem Lustgärtlein teutscher vnd lateinischer Lieder mit dreyen Stimmen / erster vnd ander Theil / ibidem / 1611. Vn in 4.

Antonii Goswini Teutsche Lieder mit dreyen Stimmen / auch auff allerley Instrumenten zu gebrauchen / Nürnberg / 1581. in 4.

Andreæ Müllers newe Canzonetten mit dreyen Stimmen / hiebevor von den Italis componiret / vnd mit tuetscher Sprach vnterlegt / Franckfurt / 1608. 4.

Balduini Hoyvol geistliche Lieder vnd Psalmen mit dreyen Stemmen also componieret / das dieselben von dreyen Discanti-sten mögen gesungen werden / Nürnberg / 1590.

Christophori Hitzenaueri auserlesene sehr liebliche geistliche Gesänge / mit dreyen Stimmen gantz artiglich componieret / Lauwingen / 1585.

Conradi Hagii teutsche Tricinien / beydes zur Lehr vnd Freude dienstlich vnd mit schönen Texten vnterlegt / Franckfurt.

Eiusdem ander Theil newer teutscher Tricinien / welche hiebevor niemals an Tag kommen / neben andern hinzugesetzten 4. 5. vnd 6. stimmigen Gesängen auch etlichen Fugen vnd Canonen zu 2. 3. 4. 5. vnd 6. Stimmen / ibidem / 1610. A. in 4.

Elsbethi Franci newe teutsche vnd lateinische Lieder mit 3. Stimmen Franckfurt / an der Oder 1599. 4.

Frantz Joachim Brechtels kurtzweilige teutsche Liedlein mit dreyen Stimmen / nach art der welschen Villanellen componiert / Nürnberg / 1588.

Georgii Langii teutsche Lieder mit 3. Stimmen / Bresslaw / 1584. in 4.

Henningi Dedekindi Dodecatonon Musicum Tricinio-rum novis iisdemque lepidissimis exemplis illustratum. Newe auserlesene Tricinia auff fürtreffliche lustige Text gesetzt Erffurt / 1588. in 4.

Horatii Vecki vnnd Sintignani Capi Lupi Italianische Canzonette / Tricin mit teutschen Texten belegt / durch Valentin Hausman / Nürnberg / 1606. in 4.

Jacob

Jacobi Regnardi kurtzweilige teutsche Lieder/ zu dreyen Stimmen nach art der Neapolitanen oder Welschen Villanellen componiret/ Nürnberg/ 1574. in 4. Franckf. München/ 1591. ander Theil/ ibidem/ 1587. in 4. Dritter Theil/ ibidem/ 1579. in 4.

Alle drey Theil in ein Opus zusammen gedruckt/ München/ 1583. 1591. Hernach auff 5. Stimmen gesetzt durch Leonhard Lechnerum/ Nürnberg/ 1579. in 4.

Joachimi Frid. Brandenburg. newe Tricinia. Franckfurt. apud Steinium.

Joachimi Friderici Fritzii newe Tricinia. Nürnberg 1594. 4.

Joan. Jacobi Gastoldi vnd anderer Authoren Tricinia, mit teutschen weltlichen Texten in Druck geben/ durch Valentin Haußman/ Nürnberg/ 1606. in 4.

Joann. Jepp. schöne auserlesene liebliche Tricinia, hiebevorn von Laurentio Medico in Welscher Sprach außgangen/ itzo mit lustigen teutschen Texten ersetzt. Nürnberg/ 1610. in 4.

Juonis de Vento newe teutsche Lieder mit 3. Stimm. München/ 1591. 4.

Leonhardi Lechneri teutsche Lieder zu dreyen Stimmen/ nach art der welschen Villanellen/ Nürnberg/ 1576. in 4.

Ander Theil newer teutscher Lieder mit dreyen Stimmen nach Art der welschen Villanellen/ ibidem 1577. in 4.

Ejusdem der erste vnd ander Theil der teutschen Villanellen mit 3. Stimmen zuvor vnterschiedlich/ jetzt aber zusammen gedruckt/ ibidem/ 1586. 4.

Lucæ Marentii Italianische dreystimmige Villanellen vnd Neapolitanen mit teutschen Texten gezieret/ von Valentino Haußman/ ibidem/ 1606. in 4.

Melchioris Schrancken Tricinia nova lieblicher Amorosischer Gesäng mit schönen Poetischen Texten gezieret/ Nürnberg/ 1611. W. in 4.

Melchioris Schæreri Tricinia, beydes zu singen vnd auff Instrumenten zu spielen/ ibidem/ 1602. in 4.

Newe teutsche Lieder mit 3. Stimmen erster vnd ander Theil Preßlow 1598. in 4.

Octa vi

*1107.	REGNART, 1574. Cohen 246	G:560	1:772
1108.	--, 1591. Probably the settings for 4 voices rather than 3: Eitner 8:157. Also listed as 1185 below	G:560	1:783
1109.	--, 1577. Printed by Gerlach in Nuremberg, not Munich: Eitner 8:156; DMA 1:1050; Davidsson Impr 433	G:561	1:774
1110.	--, 1579. Printed by Gerlach in Nuremberg, not Munich: Eitner 8:156; DMA 2:161; Davidsson Impr 434. See also 1276 below	G:561	1:777
1111.	--, 1583. Eitner 8:157; DMA 1:651; Davidsson Impr 436; Zahn 248	--	1:781
*1112.	--, 1591. Unlocated; Eitner 8:157 reports later editions dated 1597 and 1611	--	(1:781)
1113.	--, 1579. Eitner 6:99; DMA 1:1460; Vogel 6; Zahn 226	--	1:776
*1114.	BRANDENBURG. Unlocated; the same as Fritz below?	G:560	--
*1115.	FRITZ, 1594. Unlocated; cf. Cohen 377	G:560	1:225
1116.	GASTOLDI, 1607 (not 1606). Eitner 4:169, 5:54; RISM 1607[25]; BUC 363; Vogel 45a	G:560	1:240
1117.	JEEP, 1610. (Copy located by RISM, to be cited there)	(Late)	2:761
1118.	VENTO, 1591. Eitner 10:50; BUC 1036	G:561	1:971
1119.	LECHNER, 1576. Eitner 6:99; DMA 1:605 (1577)	G:560	1:534
1120.	--, 1577. Eitner 6:99	G:560	1:535
1121.	--, 1586. Same as 947 above, q. v.	G:560	--
1122.	MARENZIO, 1606. Eitner 5:54, 6:324; BUC 650; Vogel (Marenzio) 103	G:560	1:624
1123.	FRANCK, 1611. Eitner 4:55; DMA 1:1411	(Late)	--
1124.	SCHÄRER, 1602 (not 1603). Title begins Gesang mit 3 Stimmen: Eitner 8:466	G:561	2:1352
1125.	[LANGE]. Newe teutsche Lieder, 1598. Eitner 6:42. Cf. 208 above	G:560	1:438

1126. LASSUS, 1588. Eitner 6:65; RISM 1588[12]; Bötticher 1588/2	G:560	1:499
1127. HARNISCH, 1587. Eitner 5:24; DMA 1:553; Wolfenbüttel 176	G:560	1:327
1128. --, 1591. Probably the <u>Newe lustige ...</u> <u>Liedlein</u>. See 312 above	G:560	--
1129. CALVISIUS, 1603. Eitner 2:287; DMA 1:1800; Zahn 366	G:560	1:95
1130. GEUCK, 1603. Same as 397 above, q. v.	G:560	--
*1131. MORLEY, (1615). Unlocated; cf. Eitner 7:67	(Late)	2:971

MADRIGALIEN

1132. HAKENBERGER, 1610 (not 1612). Printed by Hünefeld in Danzig, not in Leipzig: Eitner 5:2; Samecka 185; DMA 1:78; Wolfenbüttel 166	(Late)	2:651
1133. FRITSCH, 1608. Eitner 4:87	G:553	2:567
1134. DEMANTIUS, 1609. Printed by Lippold in Jena, not in Leipzig: Eitner 3:171; BUC 263; Davidsson Impr 142; Wolffheim 2:1750. Also listed as 1205 below	G:553	2:342
*1135. SCHUYT, (1603). Unlocated; cf. Eitner 9:103	G:553	2:1402
1136. HASSLER, 1604. Eitner 5:43	G:553	1:343
1137. --, 1596. Eitner 5:43; BUC 454; Upsala 326	G:553	1:342
1138. STARICIUS, 1609. Eitner 9:255; RISM 1609[29]; DMA 1:1858. Also listed as 1215 below	G:553	1:1496
*1139. STEFFEN, 1599. Unlocated; cf. Eitner 9:266	G:553	1:884

Orlandi de Laſſo geiſtliche Pſalmen mit 7. Stimmen/welche nicht alein lieblich zu ſingen/ſondern auch auff allerley Art Inſtrumenten zu gebrauchen / vom Authore vnd ſeinem Sohn Rodolff componirt / München 588. in 4.

Othonis Sigfridi Harniſch newe kurtzweilige teutſche Lieblein / zu 3. Stimmen lieblich zu ſingen / vnd auff Inſtrumenten zu gebruachen / erſter vnd ander Theil / Helmſtadt / 1587. 1891. in 4.

Sethi Calviſii teutſche Tricinia / mehrertheils aus dem Pſalmen Davids neben andern geiſtlichen vnd politiſchen Texten zu ſtaßen / vnd ſonſt auff Inſtrumenten zu vben/ Leipzig / 1603. in 4. bey Voigt.

Valentini Geuck newe Tricinia dreyſtimmige Lieder / beydes zu ſingen/ vnd auff Inſtrumenten zu ſpielen / Caſſel 1603. V 4.

Thomæ Morlei Angli Tricinia, darin dem Text ſo erſtlich Engliſch / auch in teutſcher Sprach ſein rechter verborum ſenius. gelaſſen worden / Caſſal.

Madrigalien.

Andreæ Hackenbergeri newe teutſche Geſänge mit 5. Stimmen / nach art der welſchen Madrigalien componiret / Leipzig / 1602. V. in 4.

Balthaſ. Fritſchii newe teutſche Geſäng/nach art der Welſchen Mad. gaſſen mit 5. Stimmen / Leipzig / 1608. in 4.

Chriſtophori Demantii Convivalium concentuum farrago, in welcher teutſche Madrigalia Canzonette vnd Villanellen mit 6. Stimmen / Nürnberg / 1609. in 4.

Cornelii Schuyt, hollendiſche Madrigalien / mit 4. 5. vnnd 6. Stimmen.

Joannis Leonis Haßlers newe teutſche Geſäng nach art der welſchen Madrigalien vnd Canzonetten / mit 4. 5. 6. vnd 8. Stimmen / Nürnberg / 1614. 4. Augſpurg / 1596. in 4.

Johannis Staricii newe teutſche/ weltliche Lieder nach art der welſchen Madrigalien / neben etlichen teutſchen Täntzen / Franckfurt / 1602. in 4.

Johann Stephani newe teutſche Geſäng / nach art der Madrigalen drigalien / mit 4. Stimmen / Nürnberg / 1599. 4.

Teutsche Gesäng vnd Lieder.

Alexandri Vtenthals teutsche vnd.frantzösische Lieder/mit 4. 5. vnd mehr Stimmen / Franckfurt / in 4.

Christophori Demantii erster Theil newer teutscher Lieder so zuvor durch Gregorium Langium mit drey Stimmen / jetzund aber mit fünff Stimmen componirt sind / Leipzig / 1613. A. in 4. bey Thomæ Schürern.

Daniel Legkners newer teutscher Lieder mit 4. Stimmen erster Theil / Nürnberg / 1566. W. in 4.

Erasmi Widemans teutsche Gesänglein auff allerley Musicalischen Instrumenten zu gebrauchen / mit vier Stimmen / Nürnberg / 1607. in 4.

Galli Dreßleri auserlesene teutsche Lieder mit 4. vnd 5. Stimmen / ibidem / 1575. in 4. Magdeburg / 1570.

Jacobi Meylandi newe teutsche Liedlein / mit 4. vnd fünff Stimmen / Nürnberg / 1569. in 4. Franckfurt / 1575. in 4.

Jacobi Reineri teutsche vnd lateinische Lieder mit 3. vnd 4. Stimmen / Laugingen / 1593. in 4.

Ejusdem newe teutsche Gesäng / zu 5. 6. vnd 7. Stimmen / ibidem / 1593.

Joachim à Burck zwantzig teutsche Liedlein mit 4. Stimmen / auff Christliche Reimen M. Ludovici Helmboldi lieblich zu singen / vnd auff Instrumenten zu gebrauchen / Erffurt / 1575. in 4.

Joannis Eccardi / newe Lieder mit 4. vnd 5. Stimmen / gantz lieblich zu singen / vnd auff allerley Musicalischen Instrumenten zu gebrauchen / Mülhausen / 1558. 4.

Johannis Fauorei teutsche Lieder mit 4. Stimmen / auff Neapolitanische Art componiret / Cöln / 1596. in 8.

Johannis Herolds teutsche Liedlein / mit 4. Stimmen / Nürnberg / 1601. A. in 4.

Johannis Knofelii teutsche Liedlein mit 5. Stimmen / welche den mehrern Theil den Brauch vnd Lauff dieser Welt beschreiben vnd anzeigen / ibid. 1581.

Johan.

TEUTSCHE GESÄNG UND LIEDER

1140. UTENDAL, (1574). Printed by Gerlach in Nuremberg, not in Frankfurt: Eitner 10:15; BUC 1030; DMA 1:686; Davidsson Impr 508	G:559	1:941
*1141. DEMANTIUS, 1613. Extant in 1615 edition together with 2. Theil: Eitner 3:171; DMA 1:36; Wolfenbüttel 78	(Late)	1:439
1142. LAGKNER, 1602 (not 1566). Eitner 6:15	G:558	2:858
1143. WIDMANN, 1607. Eitner 10:252	G:558	2:1687
1144. DRESSLER, 1575. Eitner 3:253; DMA 2:67; Upsala 66	G:558	1:178
1145. --, 1570. Title begins XVI. Geseng: Eitner 3:252	G:558	(1:176)
1146. MEILAND, 1569. Eitner 6:424; DMA 1:150; Upsala 347	G:558	1:640
1147. --, 1575. Eitner 6:424; DMA 1:1832; Upsala 348	G:558	1:640
*1148. REINER, 1593. Unlocated; cf. Eitner 8:179	(G:559?)	(1:797?)
*1149. --. Newe ... Gesäng, 1593. Unlocated; cf. Eitner 8:179	(G:559?)	1:796
1150. BURCK, 1575. Eitner 2:239; DMA 1:26; Zahn 208	G:558	1:83
1151. ECCARD, 1578 (not 1558). Eitner 3:308; DMA 1:531; Upsala 317	G:558	1:183
1152. FAVEREO, 1596. Eitner 3:399; Vogel	G:558	1:206
*1153. HEROLDT, 1601. Unlocated; cf. Eitner 5:124. Probably the same as 1210 below	G:558	1:402
1154. KNÖFEL, 1581. Eitner 5:394; BUC 574; DMA 1:1431	G:559	1:432

1155.	STADEN, 1609. Eitner 9:239	G:558	2:1463
1156.	--, 1606. Eitner 9:239; BUC 970. See also 1277 below	G:561	2:1462
1157.	STEURLEIN, 1571. Same as 274 above, q. v.	G:559	--
1158.	VENTO, 1570. Eitner 10:50; DMA 1:265	G:558	1:965
*1159.	--, 1572. Unlocated; for 1577 edition see Eitner 10:50	G:558	1:965
1160.	--, 1570. Eitner 10:50; BUC 1036; DMA 1:688; Davidsson Impr 513; Upsala 379; Wolffheim 2:2011	G:559	1:963
1161.	--, 1569. Eitner 10:50; DMA 1:263; Upsala 378	G:559	1:961
*1162.	--, 1566. Unlocated; for 1571 edition see Eitner 10:50	G:559	--
1163.	SAYVE, 1611. Same as 996 above, q. v.	(Late)	2:1283
1164.	LECHNER, 1577. Eitner 6:99; BUC 605	G:558	1:537
*1165.	--, 1580. Unlocated	G:558	--
*1166.	--, 1590. Unlocated	G:558	(1:539?)
*1167.	GASTRITZ, 1567. Unlocated; cf. Eitner 4:171	G:559	--
1168.	SCHRAMM, 1579. Same as 294 above, q. v.	G:558	--
1169.	[HARNISCH], Otto Siegfried, 1588. Probably the same as 311 above, q. v.	G:558	--
1170.	--, 1604. Eitner 5:24; Zahn 371	G:559	1:333
1171.	LASSUS, 1576. DMA 2:98; Upsala 337; Bötticher 1576/2	G:559	1:471
1172.	--, 1593 (not 1594). Eitner 6:64; BUC 601 DMA 2:125; Davidsson Impr 293; Bötticher 1593/2. Cf. 1176 below	G:559	1:487
1173.	--, 1572. Printed by Berg in Munich, not in Nuremberg: Eitner 6:63; DMA 1:591; Upsala 335; Bötticher 1572/6	G:559	1:465
1174.	--, 1576. Printed by Berg in Munich: Eitner 6:63; DMA 1:592; Upsala 338; Huys 210; Bötticher 1576/4	G:559	1:474
1175.	--, 1583. Same as 1018 above, q. v.	G:559	--
1176.	--, 1593. Same as 1019 above, q. v. Cf. 1172 above	--	--

Johan. Staden newe teutsche Lieder mit Poetischen newen Texten / sampt etlichen Galliarden vnd Couranten mit 4. Stimmen / ibidem / 1609. B. in 4.

Ejusdem newe teutsche Lieder nach Art der Villanellen / mit 3. 4. vnd 5. Stimmen / ibidem l 1606. B. in 4.

Johan. Steurlini zwölff teutscher vnd lateinischer Gesäng mit 4. vnd 5. Stimmen / Wettrmberg / 1571. in 4.

Juonis de Vento teutsche Lieder mit 4. Stimmen / sampt 2. Dialogis, deren einer mit 8. der ander mit 7. Stimmen / München / 1570. 1572. in 4.

Ejusdem newe teutsche Lieder mit 4. 5. vnd 6. Stimmen / gantz lieblich zu singen / vnd auff allerley Instrumenten zu gebrauchen / ibidem / 1570. in 4.

Ejusdem teutsche Liedlein mit 5. Stimmen / welche gantz lieblich zu singen / auff allerley Instrumenten zu gebrauchen / ibid. 1569. 1566. in 4.

Lamberti de Sayve teutsche Liedlein mit 4. Stimmen / Hamburg. 1611. B. in 4.

Leonhardi Lechneri newe teutsche Lieder mit 4. vnd 5. Stimmen / Nürnberg / 1577. 1580. 1590. 4°

Matthæi Gastritz teutsche vnd lateinische Lieder mit 4. Stimmen / Nürnberg / 1567. in octava oblonga.

Melchioris Schrammen newe auserlesene teutsche Gesäng auff ein besonder Art vnd Manir mit 4 Stimmen / welche gantz lieblich zu singen / vnd auff allerley Instrumenten zu gebrauchen / Franckfurt / 1579.

Otto Sigfridi teutsche Lieder auff 4. vnd 5. Stimmen lieblich zu singen vnd auff Instrumenten bräuchlich / Helmstad / 1588. 4.

Otto Sigfridi Harnisch Hortulus teutscher Lieder / mit 4. 5. vnd 6. Stimmen / Nürnberg / 1604. B. in 4.

Orlandi de Lasso erster Theil newer teutscher Lieder mit 5. Stimmen / München / 1576. 4. Nürnb. 1594. 4. Ander Theil teutscher Lieder mit 5. Stimmen zu singen / vnd auff allerley Instrumenten zu gebrauchen / ibid. 1572. 4. Dritter Theil ibid / 1576. in 4. Alle drey Theil in ein Corpus zusammen gedruckt / Franckfurt / Nürnberg / 1583. 1593. in 4.

Pauli

Pauli Sartorii newe teutsche Liedlein mit 4. Stimmen/ nach art der welschen Canzonetten/ auff allerley Jnstrumenten zu gebrauchen/ Nürnberg/ 1601. B. in 8.

Petri Nitsch teutsche vnd lateinische Lieder mit 5. Stimmen Leipzig 1573. in 8.

Valentini Hausmans fragmenta oder 35. newe Lieder mit 4. vnd 5. Stimmen/ gleich denen so in fünff Theilen ausgegangen/ Nürnberg/ 1602. B. in 4.

Wolffgangi Striccii newe teutsche Lieder/ mehrertheils ad pares voces componiret/ mit 5. Stimmen/ Franckfurt/ Nürnberg/ 1588. in 4.

Kurtzweilige Lieder.

Cæsaris Zachariæ de Gremona, liebliche vnd kurtzweilige Liedlein mit 4. Stimmen/ München/ 1590.

Erasmi Widmanni Musicalischer Kurtzweil newer teutscher mit Kurtzweiligen Texten gestellet Gesänglein/ Täntz vnd Curranten/ Nürnberg/ 1611. B.

Jacobi Regnardi kurtzweilige teutsche Lieder mit 5. Stimmen/ welche gantz lieblich zu singen/ vnd auff allerley Jnstrumenten zugebrauchen/ ibidem/ 1586. 1595. in 4.

Eiusdem kurtzweilige Lieder mit 3. Stimmen/ auch auff Jnstrumenten zu gebrauchen/ München/ 1591. in 4.

Joannis Baptistæ pinelli, newe kurtzweilige teutsche Lieder mit 5. Stimmen aus welscher Sprach verteutscht/ welche nach Neapolitanischer art gantz lieblich zu singen/ vnd auff allerley Jnstrumenten zu gebrauchen/ Dreßden 1584. in 4.

Johann Ghröen Beeler Mantel von mancherley guten Flecklein zusammen geflickt/ mit 4. Stimmen/ Nürnberg/ 1667. 4.

Johann Lyttichii Rosenthal oder newe artige Melodeyen mit lustigen Politischen Texten auff 4. vnd 5. Stimmen/ Nürnberg/ 1609. in 4.

Eiusdem Musicalische Streitkräntzlein hiebevorn von den berümbsten Componisten in welscher Sprach mit 6. Stimmen auffgesetzt/ vnd daher Triumphi Didor. oder de Dorothea genant/

1177.	SARTORIUS, 1601. Eitner 8:434; BUC 923; DMA 1:195; Wolfenbüttel 390. Also listed as 1238 below (N. B.: Draudius's date of 1600 is corrected by Bolduanus)	G:562	2:1275
1178.	NITSCH, 1573. Same as 1022 above, q. v.	G:559	--
1179.	HAUSSMANN, 1602. Eitner 5:53; BUC 454	G:558	1:373
1180.	STRICCIUS, 1588. Eitner 9:310; Davidsson Impr 498; Zahn 280	G:558	1:901

KURTZWEILIGE LIEDER

1181.	ZACHARIA, 1590. Eitner 10:318; DMA 1:696; Vogel	G:552	1:1015
1182.	WIDMANN, 1611. Eitner 10:251; RISM 1611[23]; DMA 2:331	(Late)	2:1688
1183.	REGNART, 1586. Eitner 8:157; BUC 882; DMA 2:162	G:559	1:778
*1184.	--, 1595. Unlocated	--	--
1185.	--, 1591. Same as 1108 above, q. v.	G:552	--
1186.	PINELLO, 1584. Cf. 270 above, q. v.	G:559	1:747
1187.	GHRO, 1606 (not 1667). Eitner 4:230	G:551	2:632
*1188.	LITTICH, 1609. Unlocated; cf. Eitner 6:191	G:552	2:898
1189.	--, 1612. Eitner 6:191; RISM 1612[13]; BUC 638	(Late)	2:901

1190.	LITTICH, 1610. Printed by Weidner in Jena, not in Leipzig: Eitner 6:259	(Late)	2:899
*1191.	STARICI, 1610. Unlocated; see Eitner 9:255. Cf. 1138 above, however	(Late)	2:1496
*1192.	ZANCHI, 1603. Unlocated; cf. Eitner 10:324	G:552	2:1708
1193.	FRANCK. Flores, 1610. Eitner 4:54; DMA 1:1410; Davidsson Impr 181; Wolfenbüttel 111	G:551	2:506
1194.	--. ... Fröhlichkeit, 1610. Printed by Hauck in Coburg, not in Leipzig: Eitner 4:54	(Late)	2:507
1195.	FRANCK (i. e. , Rantz), (1602). Eitner 4:54, 8:128; BUC 347	G:552	2:492
1196.	MUSICALISCHER ZEITVERTREIBER, 1609. Eitner 5:328; RISM 1609^{28}; DMA 2:385	G:551	1:1113
1197.	ZANGIUS, 1603 (not 1602). Eitner 10:326; BUC 1100	G:552	1:1019
1198.	ENGELHARD, 1613. Eitner 3:339, 6:191; RISM 1613^{13}	(Late)	2:409
1199.	HAUSSMANN, 1604. Eitner 5:53. Also listed as 1253 below	G:551	1:370
1200.	--, 1608. Eitner 5:54	G:551	1:386

nant / jņo mit teutſchen Terten in Druck verfertiget / ibid, 1612.
B in 4.

Ejusdem Sales Venerei Muſicales, oder newe Teutſche po-
litiſche Geſänge / mit anmutigen Terten vnd Melodeyen von 4.
v.5. Stim. / auch luſtige Jntraden / Galliarden / vnd Paduanen /
mit 5. Stimmen / Leipʒig / 1610. A. in 4.

Johannis Staricij P. L. muſicaliſche Stück / Franckfurt /
1610. in 4.

Liberalis Zanchii Cantiones von 4. vnd 8. Stimmen / ʒu
allerley Jnſtrumenten / Prag / 1603.

Melchioris Franci flores Muſicales, newe anmutige muſicaliſche Blumen / mit 4.5.6. vnd 7. Stimm. Nürnb / 1610. B. 4.

Ejusdem muſicaliſche Fröliḡkeit / von etlichen newen luſti-
gen teutſchen Geſängen / Tänʒen / Galliarden / vnd Concenten /
ſampt einem Dialogo / mit 4. 5. 6. vnd 7. Stimmen / Leipʒig /
1610. A. in 4.

Melchioris Rantʒij farrago oder Vermiſchung allerley Lieder / da eine Stimme der andern allʒeit reſpondiret / mit 6. Stimmen / Nürnberg / 1602 in 4.

Muſicaliſcher Zeitvertreiber / dʒ iſt / allerley ſeltʒame lächer-
liche Vapores vnd Humores / ehrlicher Collation vnd Schlaff-
truncksboſſen. Quodlibet von mancherley fürtrefflichen Muſicis /
mit 4.5 6.7. vnd 8. Stimmen / ibid. 1609. in 4.

Nicolai Zangij / kurʒweilige teutſche Lieder mit 4. Stimen /
Cöln / 1602. A. in 4.

Salomonis Engelharten Reſt Muſicaliſches Streitkränʒ-
leins hiebevor von den beſten Componiſten in welſcher Sprach pro
certamine mit 6. Stimmen componiret / jņo verdeutſcht / Nürnb.
1613. B. in 4.

Valentini Haußmanni newe Melodeyen ʒu 4. Stimmen /
da jeder Tert einen Namen anʒigt / Nürnberg / 1604. B. in 4.

Ejusdem Melodeyen / vnter weltliche Tert augirt / ibid.
1608. in 4.

Ji   Welt-

Weltliche Lieder.

Antonij Scandelli luſtige weltliche teutſche Lieder / mit 4.
5. vnd 6. Stimmen zu gebrauchen / vnd lieblich zu ſingen / Dreßden / 1578. in 4. Nürnb. 1577. in 4.

Chirſtophori Demantij newe teutſche weltliche Lieder / mit
5. Stimmen / Nürnberg / 1596. 1601. V. 4.

Ejusdem Convivalium concentuum farrago / in welcher
teutſche Madrigalia / Canzonette vnd Villanellen mit 6. Stimmen / ſampt einem Echo vnd zweyen Dialogis mit 8. Stimmen /
ibid. 1610. A. in 4.

Ejusdem Convivorum deliciæ / newe lieblichе Intraden
vnd Auffzüge nebenſt künſtlichen Galliarden / vnd frölich Pol-
niſchen Däntzen / mit 6. Stimmen / ibidem / 1608. V. in 4.

Frantz Joachimi Brechtels newe kurtzweilige weltliche
Liedlein mit 4. vnd 5. Stimmen / nach Art der welſchen Canzonetten / Nürnberg / 1590. 1594. 4.

Georgij Taurini newe liebliche Lieder / mit 4. Stimmen /
nach Art der Welſchen Villanellen / Nürnberg / 1590. in 4.

Johannis Heroldi ſchöne weltliche Liedlein / nach Art der
welſchen Canzonetten / mit 4. Stimmen / Nürnberg / 1601. A. in 4.

Joannis Jepp Studentengärtlein erſter Teil / newer / lu-
ſtiger weltlichеr Lieder / mit 3. 4. vnd 5. Stimmen / ibid. 1605. A.
1607. V. 1609. A. in 4. 1. vnd 2. theil ibid. 1613. A. in 4.

Joannis Staricii P. L. newe teutſche weltliche Lieder /
nach Art der welſchen Madrigalien / neben etlichen teutſchen
Täntzen / Franckf. 1609. V. in 4.

Joannis Steurlini 24. weltliche Geſänge mit 4. vnd 5.
Stimmen / Erffurt / 1574. in 4.

Joſephi Holztlini newe luſtige weltliche muſicaliſche Lieder /
mit 4. Stimmen / ſampt etlichen annemlichen hochzeitlichen Geſängen / ſo wol auff allerley Inſtrumentis als voce humana füglich zu gebrauchen / Augſpurg / 1603. V.

Ejusdem ander Teil / mit 4. vnnd 5. Stimmen / ibidem
1604. V.

WELTLICHE LIEDER

1201.	SCANDELLO, 1578. Eitner 8:449; Davidsson Impr 455	G:563	1:844
*1202.	--, 1577. Unlocated	G:563	--
1203.	DEMANTIUS, 1595 (not 1596). Eitner 3:171; BUC 263; DMA 1:1803	G:562	2:337
*1204.	--, 1601. Unlocated. Possibly the 77 newe ... Täntze of 1601: Eitner 3:172; DMA 1:35; Wolfenbüttel 79	--	(2:399)
1205.	--, 1609 (not 1610). Same as 1134 above, q. v.	G:553	--
1206.	--, 1608. Eitner 3:171; BUC 263. Also listed as 1256 below	G:550	2:341
1207.	BRECHTEL, 1590. Eitner 2:179; RISM 1590^{27}; BUC 133; DMA 1:509(?). See 1234 below	G:562	1:70
1208.	--, 1594. Eitner 2:179; BUC 133. See 1234 below	G:562(?)	1:71
1209.	TURINI, 1590. Eitner 9:475; RISM 1590^{28}; DMA 2:320. Also listed as 1275 below	G:561	1:929
*1210.	HEROLDT, 1601. Unlocated; cf. Eitner 5:124. Probably the same as 1153 above. Cf. 1236 below	G:558	1:402
*1211.	JEEP, 1605. Unlocated; cf. Eitner 5:281	--	2:756
*1212.	--, 1607. Unlocated. Fétis says this is 1st edition	G:562	2:756
*1213.	--, 1609. Unlocated. Göhler dates 1610	--	2:756
1214.	--, 1614 (not 1613). Eitner 5:281. This is the 4th edition and the earliest extant	(Late)	2:758
1215.	STARICI, 1609. Same as 1138 above, q. v.	G:553	--
1216.	STEURLEIN, 1574. Eitner 9:284	G:562	1:893
1217.	HOELZLIN, 1603. Eitner 5:166; Upsala 327	G:562	2:720
*1218.	--, 1604. Unlocated; cf. Eitner 5:166	G:562	2:721

1219.	LECHNER, (1579). Eitner 6:99; DMA 1:1460; Vogel 6; Zahn 226. Cf. 893 above	--	1:776
1220.	ODONTIUS, 1612. Eitner 7:226; RISM 1612[15]; BUC 740	(Late)	2:1029
1221.	FRANCK, 1603. Eitner 4:54	G:557	2:494
1222.	--. 1. Theil, (1604). Eitner 4:54; BUC 347	G:562	2:501
1223.	--. Ander Theil, 1605. Eitner 4:54	--	2:502
*1224.	PRAETORIUS, 1611. Unlocated; cf. Eitner 8:49	(Late)	2:1136
1225.	VÖLCKEL, 1613. Eitner 10:118; BUC 1048	(Late)	2:1611
1226.	MANCINUS, 1588. Eitner 6:295; BUC 646; DMA 1:612; Brown 1588[5]	G:562	1:616
1227.	HAUSSMANN, 1599. Possibly the Neue teutsche weltliche Lieder of 1597: Eitner 5:52; BUC 455	--	(1:365)
1228.	[HAUSSMANN]. Extract, 1603. Eitner 5:53	G:563	1:377
1229.	--, 1611. Eitner 5:53 (i. e., both 1. and 2. Theil issued in 1603 and reissued in 1611)	(Late)	1:377

Leonhardt Lechneri newe teutsche weltliche Lieder / erstlich / durch Jacobum Reinardum mit 3. Stimmen componiret / nach Art der welschen Villanellen. Jetzund aber mit 5. Stimmen gesetzt / Nürnberg / vnd Franckf.

Matthæi Odontij Musicalisch Rosengärtlein / newer teutscher lustiger weltlicher Liedlein / mit schönen newen anmutigen Texten auff 4. vnd 5. Stimmen / Nürnberg / 1612. A. in 4.

Melchioris Franci opusculum etlicher newer vnd alter Reuter Liedlein / welche zuvor niemals musicaliter componiret / auff allerley Art zu Musiciren / mit 4. Stimmen / Nürnb. 1603. A. in 4.

Ejusdem teutsche weltliche Gesäng vnd Täntze / mit 4.5.6. vnd 8. Stimmen / Coburg. Ander Theil teutscher weltlichen Gesäng vnd Täntz / ibidem / 1605. V.

Michaelis Prætorij Musarum Aonicarum tertia Erato / darinnen 44. auserlesene teutsche weltliche Lieder begriffen / beneben etlichen Englischen Comedien / mit 4. Stimmen / 1611. A. in 4

Samuelis Volckeln newe teutsche weltliche Gesänglein / mit 4. vnd 5. Stimmen / auff Galliarden / Täntz vnd musicalische Art / beneben Curranten vnd Galliarden ohne Text componiret / Nürnberg / 1613. W. in 4.

Thomæ Martini erste Buch / newer lustiger vnd höfflicher weltlicher Lieder mit 4. vnnd 5. Stimmen / Helmstadt / 1588.

Valentini Hausmanni weltliche Lieder mit 5. Stimmen / Nürnberg / 1599. in 4.

Extract aus 5. Theilen der teutschen weltlichen Lieder / der erste Theil helt in sich die fünffstimmige weltliche teutsche Lieder. Ander Theil helt in sich vierstimmige Lieder / ibid. 1603. W, in 4. 1611. A. in 4.

Ji 2   Ballet,

Balletten.

Andreæ Wylleri teutsche Balletten vnd Cantzonetten / zu singen / vnd auff Instrumenten zu gebrauchen / mit 4. Stimmen / Franckfurt 1600. in 4.

Johannis Leonis Haßleri Lustgarten newer teutscher Gesäng / Balleti / Galliarden vnd Intraden / mit 4.5.6.vnd 8 Stimmen / Nürnberg / 1610. A. 4.

Valentini Hausmanni liebliche / fröliche Ballett mit 5. Stimmen / welche zuvor von Thoma Morlei vnter Italiänische Text gesetzt. Itzt mit teutschen vnterlegt / Nürnberg / 1609. A. in 4.

Canzoneten.

Andreæ Mülleri newe teutsche weltliche Canzonetten / deren etliche auff eine besondere Art der Italiänischen Concenten gerichtet / auch auff allerhand musicalischen Instrumenten zu gebrauchen / mit 4.5.6.7. vnd 8. Stimmen / Franck.1603.B. in 4.

Frantz Jochim Brechtels newe kurtzweilige teutsche Liedlin / mit 4.vnd 5. Stimmen / nach Art der Welschen Canzonetten / Nürnb. 1594. in 4.

Horatij Vechi drey Classes der vierstimmigen Canzonetten / mit vnterlegung teutscher Text / in Druck geben durch Valentin Haußman / ibid. 1610. 4.

Johann Herolds schöne weltliche Liederlein / nach Art der welschen Canzonetten mit 4. Stimmen / auff allerley Instrumenten zu gebrauchen / ibid. 1606. in 4.

Leonhardi Lechneri lustige teutsche Lieder / nach Art der welschen Canzonetten / mit 4. Stimmen / Nürnb. 1586. in 4.

Pauli Sartorii teutsche Lieder mit 4 Stimmen / nach Art der welschen Canzonetten / auff den Instrumenten / Nürnb.1600. 4.

Valentini Haußmann newe teutsche weltliche Canzonette / mit 4.Stimmen / ibid. 1596. in 4.

Eiusdem musicalische teutsche weltliche Gesänge / mit 4.5. 6.7. vnd 8. Stimmen / nach Art der Italiänischen Canzonetten / vnd Madrigalien / ibid. 1608. in 4.

BALLETTEN

*1230. MYLLER, 1600. Unlocated; cf. Eitner 7:131,	G:545	2:993
also 1097 above and 1233 below		
1231. HASSLER, 1610. Eitner 5:44. Cf. 1245 below	(Late)	1:347
1232. HAUSSMANN, 1609. Eitner 7:68; Vogel (Morley) 2	G:545	2:970

CANZONETEN

1233. MYLLER, 1603. Eitner 7:131. Cf. 1230 above	G:562	2:994
1234. BRECHTEL, 1594. The title is that of 1207	--	--
above; the date is from 1208, q. v.		
1235. VECCHI, 1610. Eitner 5:54, 10:40–41; RISM	G:562	1:956
1610^{19}; DMA 1:1491-93; Vogel 22, 28		
*1236. HEROLDT, 1606. Unlocated; cf. Eitner 5:124,	G:562	1:402
also 1153 and 1210 above. (Note date of 1601		
in Göhler, also in 1210 above)		
1237. LECHNER, 1586. Eitner 6:99; Davidsson Impr	G:562	1:538
302		
1238. SARTORIUS, 1601 (not 1600). Same as 1177	(G:562?)	--
above, q. v.		
1239. HAUSSMANN, 1596. Eitner 5:52; BUC 454	G:562	1:364
1240. --, 1608. Eitner 5:54; suppl. 3:876; BUC 454	G:562	1:385

TÄNTZ

1241. DEMANTIUS, 1613 (not 1603). Eitner 3:171	(Late)	2:339/2
1242. HAIDEN, 1601 (not 1600). Eitner 4:478; BUC 415	G:557	2:656
1243. HASZ, 1602. Eitner 5:46	G:557	2:686
*1244. --, 1610. Unlocated. (Draudius 1625 cites this edition)	(Late)	2:686
1245. HASSLER, 1601 (not 1600). Eitner 5:43; DMA 1:94; Wolfenbüttel 185; Zahn 357. Cf. 1231 above	G:557	1:346
1246. PRAETORIUS, 1611. Pars 6 of the Musarum aonarum not located. For pars 5, also entitled Terpsichore, from 1612, see Eitner 8:49; RISM 1612[16]	--	2:1137
1247. HAUSSMANN, 1602. Eitner 5:53	G:555	1:372
1248. --, 1603. Eitner 5:54; RISM 1603[14]	G:555	1:378
1249. --, 1602. Eitner 5:53	(G:557)	--
1250. --, 1604. Eitner 5:53	(G:557)	1:370
1251. --, 1598. Title begins Neue artige & liebliche Täntz: Eitner 5:53	(G:557)	(1:368)
1252. --, 1602. Eitner 5:53	(G:557)	1:374
1253. --, 1604. Same as 1199 above	(G:557)	1:381
1254. --, 1609. Eitner 5:54	G:557	1:388

GALLIARDEN

1255. ROST, 1593 (not 1594). Printed by Baumann in Erfurt, not in Jena: Eitner 8:329; DMA 1:191; Wolfenbüttel 386; Wolffheim 2:1952	G:547	1:832

Tånß.

Christophori Demantij Fasciculus Chorærum/ newe Polnische vnd teutsche Tånß vnd Galliarden/ mit 4. vnd 5. Stimmen/ Nurnberg/ 1603. V. in 4.

Christophori Heyden newe lustige Tånß/ vnd Liedlein/ auff Instrumenten zum singen bråuchlich ibid. 1600. in 4.

Georgij Hasen/ newe liebliche Tånße mit schönen Texten/ auff sonderbare Namen/ mit 4. Stimmen/ Nürnberg/ 1602. V. 1610. A. in 4.

Leonhardi Haßleri Lustgarten mancherley Gesång/ Tånß/ Galliarden/ mit 4.5.6. vnd 8. Stimmen/ ibid. 1600. in 4.

Michaelis Prætorij Musarum Aonicarum serta Terpsichore/ darinnen allerley Frantzösische Tånß/ als 13. mit sonderen Namen/ Branlen/ Curranten/ Volten/ vnd Balleten/ mit 4. vnd 5. Stimmen/ Hamb. 1611. A. 4.

Valentini Haußmanni Venusgarten/ hundert liebliche mehrertheils Polnische Tånß/ mit Texten gemacht/ Nürnberg/ 1602 V. in 4.

Rest von Polnischen vntern Tåntzen/ nach Art/ wie im Venusgarten zu finden/ Colligirt/ vnd zum Theil gemacht/ auch mit weltlichen Amorosischen Texten vnterlegt/ ibid. 1603. V in 4.

Ejusdem newe liebliche Melodeyen/ mit 4. Stimmen/ da jeder Text einen Namen anzeigt/ deren mehreu theils zum Tantzen zu gebrauchen/ ibid. 1602. 1604. V. 4.

Ejusdem newe liebliche Tånß/ zum Theil mit Texten/ zum Theil ohne Text/ ibid. 1598. 1602. 1604. in 4.

Ejusdem Außzug aus zweyen vnterschiedlichen Wercken/ all der teutschen Tånß/ vnd erster Theil Polnischer Tåntze/ in ein Opus zusammen gebracht/ ibid. 1609. V. in 4.

Galliarden.

Nicolai Rostij pars 1. vnd 11. dreissig newer lieblicher Galliarden/ mit schönen lustigen Texten vnd mit 4. Stimmen/ Jenæ/ 1594. 4.

Ji 3   Intra-

Intraden.

Chriſtophori Demantij conviviorum delitiæ/ newe liebliche Intraden vnd Auszüge/ neben künſtlichen Galliarden vnd
Frölichen Polniſch en Täntzen/ mit 6. Stimm. Nürnb.1608 V. 4.

Johann. Ghro 36. zierliche Intraden/ ohne Text/ zur
fröligkeit/ mit 5. Stimmen/ ibid. 1603. in 4.

Melchioris Francken newe muſicaliſche Intreden/ auff
allerley Inſtrumenten zu gebrauchen/ mit 6. Stimm. ib. 1608. 4.

Valentini Coleri newe luſtige liebliche vnd artige Intra-
den/ Täntz vnd Galliarde/ auff allerley Seitenspiel zu gebrauche/
Jenæ/ 1605. in 4.

Valentini Hausmanni Intraden mit 5. vnd 6. Stimmen/
füglich anff Violen zu gebrauchen. Item Engliſche Paduanen
vnd Galliarden/ Nürnb. 1604. in 4.

Paduanen.

Balthaſaris Fritſchij newe künſtliche vnd luſtige Paduanen
vnd Galliarden mit 4. Stimmen/ Franckf. apud Steinium/ in 4.

Chriſtian Hildebrands auserleſener lieblicher Paduanen
vnd Galliarden mit 5. Stimmen/ Hamburg/ 1609 in 4.

Johann Krochen dreyſſig newe auserleſene Paduana vnd
Galliard/ auff allen muſicaliſchen Inſtrumenten zu gebrauchen/
Nürnberg/ 1604. in 4.

Johann. Molleri newe Paduanen vnd drauff gehörige Galliarden mit 5. Stimmen/ Franckf. 1620. V. in 4.   Andere noch
mehr newe Paduanen/ vnd darauff gehörige Galliarden mit 5.
Stimmen/ Darmſtadt/ 1611. A. in 4.

Johann. Theſſelij newe liebliche Paduanen/ Intraden vnd
Galliarden/ mit 5. Stimmen/ Nürnberg/ 1609. in 4.

Melchior Franckens newe Paduanen/ Galliarden vnd In-
traden/ auff allerley Inſtrum. zu bequemen/ Nürnb. 1603. in 4.

Paul Bäwerle newe Paduanen/ Intrada/ Täntz vnnd
Galliarden/ mit 4. Stimmen/ ibid. 1611. A in 4.

Valentini Hausmanni newe fünffſtimmige Paduanen vnd
Galliarden/ Nürnb. 1604. in 4.

                                                    Valerij

INTRADEN

1256.	DEMANTIUS, 1608. Same as 1206 above, q. v.	G:550	--
1257.	GHRO, 1603. Eitner 4:229; DMA 1:70; Wolfenbüttel 138	G:550	2:630
1258.	FRANCK, 1608. Eitner 4:54	G:550	2:504
1259.	COLERUS, 1605. Eitner 3:9; BUC 204; DMA 2:58	G:550	2:285
1260.	HAUSSMANN, 1604. Eitner 5:54	G:550	1:379

PADUANEN

*1261.	FRITSCH, (1606). Unlocated; cf. Eitner 4:87. Possibly the same as 943 above, q. v.	G:554	--
1262.	HILDEBRAND, 1609. Eitner 5:140; RISM 1609[30]; DMA 1:1123; Wolfenbüttel 602	G:554	2:712
1263.	GHRO (i. e., Kroch), 1604. Eitner 4:229; DMA 1:71; Wolfenbüttel 137	G:554	2:631
1264.	MÖLLER, 1610. Eitner 7:14; BUC 683; DMA 1:1837	G:554	2:960
1265.	--, 1612 (not 1611). Eitner 7:14; DMA 1:1838	(Late)	2:961
1266.	THESSALIUS, 1609. Eitner 9:393; Wolffheim 2:1750	G:554	2:1541
1267.	FRANCK, 1603. Printed by Hauck in Coburg, not in Nuremberg: Eitner 4:54	G:554	2:495
1268.	PEURL (i. e., Bäwerle), 1611. Eitner 1:301; DMA 1:1842	(Late)	2:1050
1269.	HAUSSMANN, 1604. Eitner 5:54	G:554	1:380

1270. V. OTTO, 1611. Eitner 7:262; DMA 2:149	(Late)	2:1037
1271. BRADE, 1609. Eitner 2:168; DMA 1:17; Wolfenbüttel 30	G:554	2:157
1272. FÜLLSACK and HILDEBRAND, 1607. Eitner 4:98; RISM 1607[28]; Wolfenbüttel 602	G:554	2:572

VILLANELLEN

1273. GUMPELZHAIMER, Augsburg 1591. Same as 951 above, q. v.	G:561	--
*1274. --, Munich 1591. Unlocated	G:561	--
1275. TURINI, (1590). Same as 1209 above, q. v.	G:561	--
1276. REGNART, 1579. Probably the same as 1110 above, q. v.	G:561	--
1277. STADEN, 1606. Presumably the same as 1156 above, q. v. (i. e., the referent is for various voice groupings, but in four partbooks)	G:561	2:1462

VENUS LIEDER

1278. METZGER, 1611. Eitner 6:455; DMA 1:1834	(Late)	2:939
1279. STEUCCIUS, 1602. Eitner 9:284	G:561	2:1502
1280. --, 1603. Eitner 9:284	G:561	2:1503
1281. --, 1604. Eitner 9:284	G:561	2:1505
1282. SCHEIN, 1609. Printed by Gormann in Wittenberg, not in Leipzig: Eitner 9:4; DMA 1:207	G:561	2:1333
1283. STADEN, 1610 (not 1611). Eitner 9:239	(Late)	2:1465

Valerij Ottonis newe Paduanen / Galliarden vnd Intraben / vnd Curranten / nach Englischer vnd Frantzösischer Art / mit 5. Stimmen / Leipzig / 1611 A. in 4.

Wilhelmi Branden Engels newe auserlesene Paduanen / Galliarden / Canzonetten / Allmand vnd Courranten / Hamburg / 1609 A. in 4.

Zachariae Füllsacks vnd Christiani Hildebrands auserlesene Paduanen vnd Galliarden zu 5. Stimmen auff allerley Instrumenten zu gebrauchen / ibid. 1607. V. in 4.

Villanellen.

Adami Gumpeltzheimeri geistliche Lieder / nach Art der welschen Villanellen / Augspurg / 1591. in 4. München / 1591.

Georgij Turini liebliche Lieder / nach Art der welschen Villanellen / mit 4 Stimmen / Franckf.

Jacobi Regnardi Lieder / erstlich mit 3. Stimmen / nach Art der welschen Villanellen componirt. Itzund mit 5. Stimmen gesetzt / durch Leonhart Lechnerum / Nürnberg / 1579. in 4.

Johann. Staden teutsche Lieder / nach Art der welschen Villanellen / mit 4. Stimmen / ibidem / 1606. in 4

Venus Lieder.

Ambrosij Metzgeri Venus Blümlein erster Theil newer lustiger weltlicher Liedlein mit 4. Stimmen / Nürnb. 1611. V. 4.

Henrici Steuccij amorum ac leporum pars 1. darinnen lustige weltliche Lieder mit 5. Stimmen zu singen vnd zu spielen gefunden werden / Wittemb. 1602. A. in 4. 2 pars mit 4. Stimmen / ibid. 1603. V. in 4. 3. pars newe Canzonett. mit 4. vnd 5. Stimmen / ibid 1604. V. in 4.

Johann. Hermanni Schein Venuskräntzlein newer weltlicher Lieder mit 5. Stimmen / neben etlichen Intraden / Galliarden vnd Canzonetten. Leipzig / 1609 in 4. bey Thomae Schürern.

Johannis Staden Venuskräntzlein newer musicalischer Gesäng vnd Lieder / so wol auch etliche Galliarden / Couranten / Auffzüg vnd Pavanen / mit 4. vnd 5. Stimmen / Nürnberg / 1611. V in 4.

Lieder-

Liederbücher.

Groß Liederbuch / darinnen 324. auserlesene Lieder hin zu-
gethan / Nürnberg / 1593.in 8.

Gros Liederbuch / von 181. weltlichen Liedern / Franckfurt/
1599. in 8.

Liederbüchlein / darinnen begriffen sind 262. allerhand schöne weltliche Lieder / ibid. 1578. in 8.

New Liederbüchlein / züchtigen jungen Gesellen vnd Jung-
frawen zu gefallen gedruckt / Nürnberg / 16:7. in 8.

Instrumentbücher.

Bernhardi Jobini teutsche Tabulatur auff die Lauten/dar-
innen viel artige Fantaseyen / teutsche / Frantzösische / vnd Italiä-
nischer Lieder / Lateinische Muteten / mit 5. vnd 6. Stimmen/
Straßburg / 1572.in fol.

Bernhard Schmids Tabalaturbuch / von allerhand lieblichen schönen Præludiis/ Tocaten / Moteten / Canzonetten/Ma-
drigalien / Passomezen / vnd Galliarden/ auff Orgeln vnd Instrumenten zu gebrauchen / ibid. 1577. 1606. in fol.

Doppel Cythar. Nova eaque artificiosa & valdè commo-
da ratio ludendæ Cytharæ, quam inventores sive compilatores
duplam Cytharam vocant: aliquot elegantils. Italicis, Germanicis & Gallicis cantionibus, exemplivice ornata, ibid. 1575. 4.

Eliæ Nicolai sonst Ammerbach genant / Orgel oder Instrument Tabulatur / ein nützlichs Büchlein/ in welchem nothwendige
Erklärung der Orgel oder Instrument Tabulatur / sampt der Ap-
plication / auch fröliche teutsche vnd andere Stücklein vnd Muteten / etliche mit Coleraturn abgesetzt/Leipzig/1571. Nürnb. 1583 4.

Ejusdem new künstlich Tabulaturbuch / darinnen sehr gute
Muteten vnnd liebliche teutsche Tenores jetziger Zeit vornehmer
Componisten / auff die Orgel vnd Instrument abgesetzt vnd zu-
sammen gebracht / Leipzig / 1575.in fol.

Jacobi Paix schön new gebräuchlich Orgel Tabulaturbuch
darinnen etliche der berümbsten Componisten/ beste Muteten/
mit 12. 8. 7.6,5. vnd 4. Stimmen auserlesen / auff fürneme Feste
des

LIEDERBÜCHER

*1284. GROSS LIEDERBUCH, 1593. Unlocated	G:552	1:1106
*1285. --, 1599. Unlocated; cf. Hüschen 179	G:552	1:1109
*1286. LIEDERBÜCHLEIN, 1578. Unlocated	G:552	1:1103
*1287. NEW LIEDERBÜCHLEIN, 1607. Unlocated	G:552	--

INSTRUMENTBÜCHER

1288. JOBIN, 1572. Title begins <u>Newerlessner ...</u> <u>Lautenstück:</u> Eitner 5:291; RISM 1572^{12}, 1573^{24}; BUC 557; DMA 1:1429-30; Brown 1572_1, 1573_2. Part listed also as 906 above	G:552	1:411
1289. B. SCHMID, The Elder, 1577. Same as 905 above, q. v.	(C:1230)	--
1290. B. SCHMID, The Younger, 1607 (not 1606). Eitner 9:37; RISM 1607^{29}; DMA 1:215; Sartori 1607g	G:550	1:853
1291. [KARGEL]. <u>Toppel cythar</u>, 1575. Same as 908 above, q. v.	G:546	--
1292. AMMERBACH, 1571. Same as 909 above, q. v.	G:550	--
1293. --, 1583. Same as 910 above, q. v.	G:550	--
1294. --, 1575. Eitner 1:129; RISM 1575^{17}; BUC 25; DMA 1:1385; Brown 1575_1	G:550	1:678
1295. PAIX, 1583. Same as 915 above, q. v.	G:550	--

1296.	BARBETTA, 1582. Same as 907 above, q. v.	G:552	--
1297.	WAISSEL, 1592. Same as 921 above, q. v.	G:552	--
1298.	NEUSIDLER, 1596. Probably the same as 924 above, q. v.	G:552	--
1299.	KARGEL, 1586. Eitner 5:324; RISM 1586^{23}; Brown 1586$_5$	G:552	1:417

des gantzen Jahrs. Zu letzt auch allerhand der schönsten Lieder/ Passomeze vnd Täntz/alle mit grossem Fleiß colligirt / Laugungen/ 1.83. in fol.

Julij Cæsaris Barleti new Lautenbuch auff 6. vnd 7. Chor Seiten gestelt / Straßb. 1582. in fol.

Matthæi Waisselij Tabulatura oder Lautenbuch/ allerley künstlichen Præambulen / auserlesener teutscher vnd polnischer Täntze/Passomezen/Galliarden Paduanen vnd Branlen/auff der Lauten zu schlagen gantz fleissig zugerichtet/ Franckf. March. 1592. in fol.

Melchioris Neusidleri teutsch Lautenbuch/darinnen künstliche Muteten/liebliche Italiänische/Frantzösische/Teutsche Stück fröliche teutsche Täntz/Passomezo/ Saltarellæ/vnd drey Fantaseyen/ Straßb. 1596. fol.

Sixti Kargel Lautenbuch vieler newer erlesener schöner Lautenstück von artlichen Fantaseyen/künstlichen Music/artlichen lateinischen Muteten/mit 5. vnd 6. Stimmen/ etc. Auff 6. vnd 7. Chorseyten gericht/Straßb. 1586. in fol.

V. *Arithmetices Præcepta.*

R. Abrahami Cai Arithmetica Hebr. & Ln. Basil, 1546. 4.

Adriani Metii Alomar. Arithmeticæ & Geometricæ Practica, Lugd. Bat. 1611. in 4.

Beda de Arithm. numeris, Basil. 1563. in I. Tom. oper. ejus.

Bernardi Salignaci Arithmeticæ libri III. & Algebræ totidem, cum Demonstrationibus, Francof. 1575. 1577. 1580. 1593. 4.

Caij Dibaudij in Arithmeticam Rationalium Euclidis 7. 8. & 9. Elementorum libro compræhensam demonstratio, Arnhemii, 1605. V. in 4.

Ejusdem in Arithmeticam irrationalium Euclidis, decimo Elemenrorum libro compræhensam demonstratio linealis & numeralis, ibrdem. 1605 V. in 4.

Caspari Waseri Institutio Arithmetica. Accessit tractatus de quadrato Geometricæ, cum figuris æneis, Tiguri. 1603. V. 8.

Kk   Christiani

Index

ZACHARIA, Cesare de 346, 659, 1181
ZANCHI, Liberale 669, 1192
ZANGER, Johann 38
ZANGIUS, Nikolaus 306, 628, 1016,
    1197

ZANOTTI, Camillo 791
ZARLINO, Gioseffo 278, 463-64, 598
ZENARO, Giulio 825-26
ZIMMERMANN, Felix 188, 1031
ZUCCHINI, Gregorio 457

Titles in the Detroit Studies in Music Bibliography series:

General Editor:

Bruno Nettl
University of Illinois at Urbana-Champaign

Number 1
REFERENCE MATERIALS IN ETHNOMUSICOLOGY
Bruno Nettl   Rev ed   1967   40p $2.00

Number 2
SIR ARTHUR SULLIVAN: AN INDEX TO THE TEXTS OF HIS VOCAL WORKS
Sirvart Poladian   1961   91p $2.75

Number 3
AN INDEX TO BEETHOVEN'S CONVERSATION BOOKS
Donald W. MacArdle   1962   46p $2.00

Number 4
GENERAL BIBLIOGRAPHY FOR MUSIC RESEARCH
Keith E. Mixter   1962   38p $2.00

Number 5
A HANDBOOK OF AMERICAN OPERATIC PREMIERES, 1731-1962
Julius Mattfeld   1963   142p $3.00

Number 6
MEDIEVAL AND RENAISSANCE MUSIC ON LONG-PLAYING RECORDS
James Coover and Richard Colvig   1964   122p $3.00

Number 7
RHODE ISLAND MUSIC AND MUSICIANS, 1733-1850
Joyce Ellen Mangler   1965   90p $2.75

Number 8
JEAN SIBELIUS: AN INTERNATIONAL BIBLIOGRAPHY ON THE OCCASION
OF THE CENTENNIAL CELEBRATIONS, 1965
Fred Blum   1965   114p $3.50

Number 9
BIBLIOGRAPHY OF THESES AND DISSERTATIONS IN SACRED MUSIC
Kenneth R. Hartley   1967   127p $3.00

Number 10
CHECKLIST OF VOCAL CHAMBER WORKS BY BENEDETTO MARCELLO
Caroline S. Fruchtman   1967   37p $2.00

Number 11
AN ANNOTATED BIBLIOGRAPHY OF WOODWIND INSTRUCTION BOOKS,
1600-1830
Thomas E. Warner   1967   138p $3.00

Number 12
WORKS FOR SOLO VOICE OF JOHANN ADOLPH HASSE (1699-1783)
Sven Hostrup Hansell   1968   110p $3.00

Number 13
A SELECTED DISCOGRAPHY OF SOLO SONG
Dorothy Stahl   1968   90p $2.50
SUPPLEMENT, 1968-1969   1970   95p $2.50

Number 14
MUSIC PUBLISHING IN CHICAGO BEFORE 1871: THE FIRM OF ROOT &
CADY, 1858-1871
Dena J. Epstein   1969   243p $6.00

Number 15
AN INTRODUCTION TO CERTAIN MEXICAN MUSICAL ARCHIVES
Lincoln Spiess and Thomas Stanford   1969   85+99p $3.50

Number 16
A CHECKLIST OF AMERICAN MUSIC PERIODICALS, 1850-1900
William J. Weichlein   1970   103p $3.00

Number 17
A CHECKLIST OF TWENTIETH-CENTURY CHORAL MUSIC FOR MALE VOICES
Kenneth Roberts   1970   32p $2.00

Number 18
PUBLISHED MUSIC FOR THE VIOLA DA GAMBA AND OTHER VIOLS
Robin de Smet   1971   105p $3.00

Number 19
THE WORKS OF CHRISTOPH NICHELMANN: A THEMATIC INDEX
Douglas A. Lee   1971   100p $3.50

Number 20
THE REED TRIO: AN ANNOTATED BIBLIOGRAPHY OF ORIGINAL PUBLISHED
WORKS
James E. Gillespie, Jr.   1971   84p $4.75

Number 21
AN INDEX TO THE VOCAL WORKS OF THOMAS AUGUSTINE ARNE AND
MICHAEL ARNE
John A. Parkinson   1972   82p $3.50

Titles in the Detroit Monographs in Musicology series:

Number 1
THE BEGINNINGS OF MUSICAL NATIONALISM IN BRAZIL
Gerard Behague   1971   43p $5.00

Number 2
DARAMAD OF CHAHARGAH: A STUDY IN THE PERFORMANCE PRACTICE
OF PERSIAN MUSIC
Bruno Nettl with Bela Foltin, Jr.   1972   84p $6.00